Vulkane
und Erdbeben

Ravensburger Buchverlag

Inhalt

• UNRUHIGE ERDE •

Feuer im Inneren	6
Die Drift der Kontinente	8
Landschaft unter Wasser	10
Die Erdkruste	12
Ein heißer Fleck	14
Mythen und Legenden	16

• VULKANAUSBRUCH •

Eine Eruption	18
Lavaströme	20
Gas und Asche	22
Vulkanforscher	24

• NACH DEM AUSBRUCH •

Wetterstörung	26
Lawinen aus Schlamm	28
Krater und Caldera	30
Vulkane und Landschaften	32

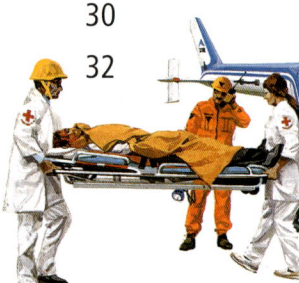

• ERDBEBEN •

Aufspüren von Erdbeben   34

Überlebenschancen   36

Tsunamis   38

• BERÜHMTE VULKANE •

Ätna, Stromboli und Vesuv   40

Ausgrabungen   42

Der Krakatau   44

Island   46

Mount St. Helens   48

• BERÜHMTE ERDBEBEN •

Das große Beben von Kanto   50

Mexiko-Stadt   52

Beben in Kalifornien   54

Mehr über Vulkanausbrüche – Mehr über Erdbeben   56

Register   58

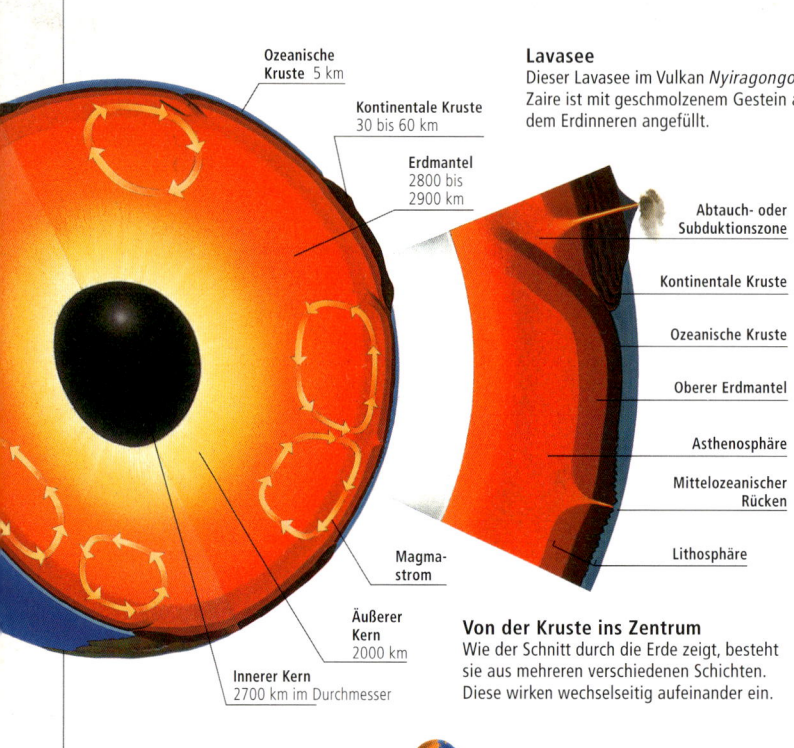

Ozeanische Kruste 5 km

Kontinentale Kruste 30 bis 60 km

Erdmantel 2800 bis 2900 km

Lavasee
Dieser Lavasee im Vulkan *Nyiragongo* in Zaire ist mit geschmolzenem Gestein aus dem Erdinneren angefüllt.

Abtauch- oder Subduktionszone

Kontinentale Kruste

Ozeanische Kruste

Oberer Erdmantel

Asthenosphäre

Mittelozeanischer Rücken

Lithosphäre

Magma- strom

Äußerer Kern 2000 km

Innerer Kern 2700 km im Durchmesser

Von der Kruste ins Zentrum
Wie der Schnitt durch die Erde zeigt, besteht sie aus mehreren verschiedenen Schichten. Diese wirken wechselseitig aufeinander ein.

Feuer im Inneren

Wenn wir von irgendeinem Punkt der Erde senkrecht nach unten bohren, stoßen wir in über 5000 km Tiefe auf einen festen Eisenkern. Bis dahin hätten wir verschiedene Schalen der Erdkugel durchstoßen. Als erste hätten wir die Erdkruste durchbohrt. Sie ist bis zu 60 km dick, am Meeresgrund oft sogar nur 5 km. Vergleicht man die Erdkugel mit einem Apfel, so ist die Erdkruste gerade so dünn wie seine Schale. Auf die Erdkruste folgt der Erdmantel. Daran schließt sich der glutflüssige äußere Erdkern an. Der innere, feste Kern ist 3000 bis 5000 °C heiß. Die Wärme im Erdinneren wird wie in einem Atomreaktor durch radioaktive Elemente erzeugt, die dauernd zerfallen. Die dabei entstehende Hitze lässt die Gesteine schmelzen, die als Magma zur Erdoberfläche hochsteigen. Der Magmastrom bewirkt auch, dass sich die Lithosphäre bewegt. Die bis zu 300 km dicke oberste Gesteinsschicht schwimmt auf der honigweichen Astenosphäre wie die Haut auf der warmen Milch. In diesen beiden äußeren Schichten der Erde bilden sich die Erdbeben und Vulkane.

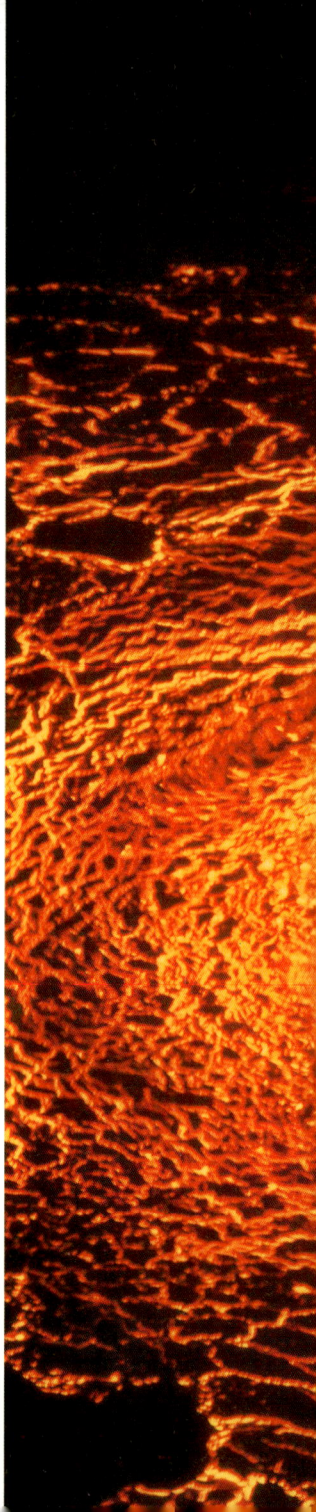

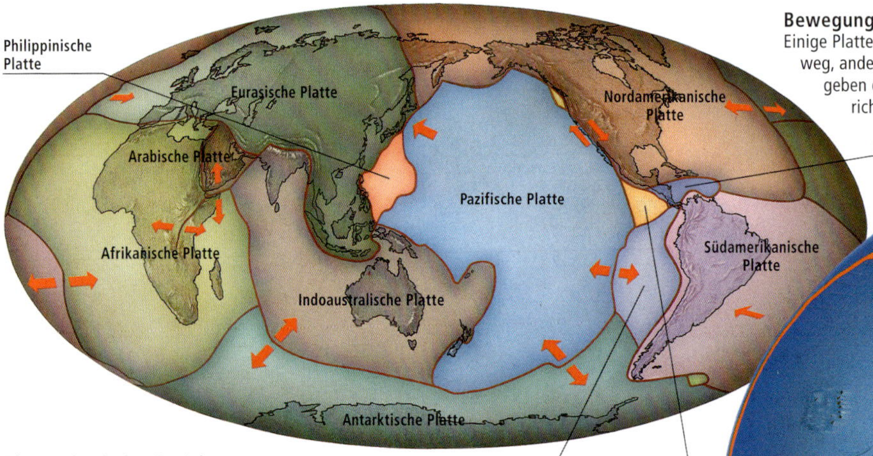

Philippinische Platte

Eurasische Platte

Nordamerikanische Platte

Arabische Platte

Kokosplatte

Pazifische Platte

Afrikanische Platte

Südamerikanische Platte

Indoaustralische Platte

Antarktische Platte

Karibische Platte

Nazcaplatte

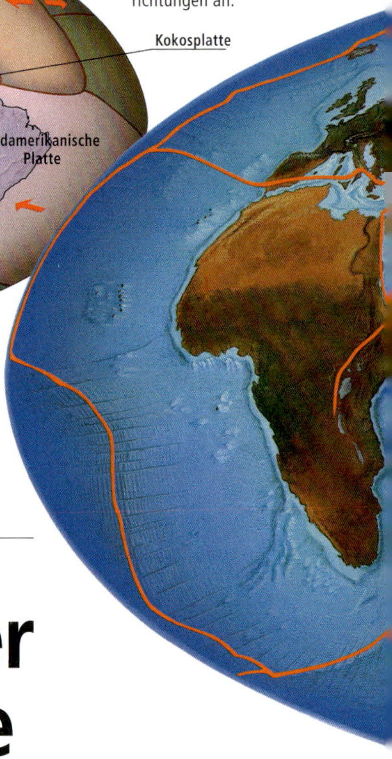

Ein wechselndes Gesicht
Seit 500 Millionen Jahren verschieben sich die Kontinente fast unmerklich. Durch diese Kontinentaldrift verändert die Erdoberfläche ständig ihr Gesicht.

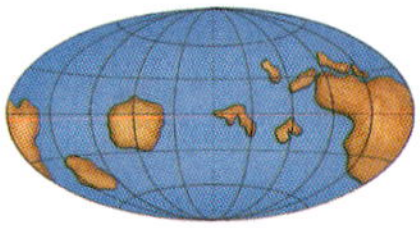

Vor 500 Millionen Jahren

Vor 325–350 Millionen Jahren

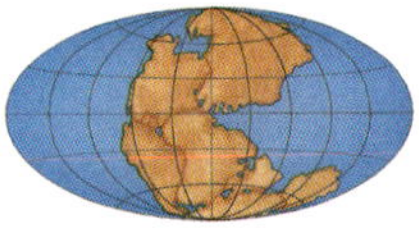

Der Urkontinent Pangäa vor 200 Millionen Jahren

Pangäa zerbricht vor 130 Millionen Jahren in Gondwanaland und Laurasia

Gondwanaland und Laurasia vor 65 Millionen Jahren

Die Drift der Kontinente

Die äußerste Schicht der Erde, die Lithosphäre, ist in sieben große und mehrere kleine Platten unterteilt. Sie passen ineinander wie die Teile eines Puzzles. Diese tektonischen Platten liegen auf der honigweichen Schicht der Asthenosphäre auf und verschieben sich ständig bis zu 20 cm pro Jahr. Wo zwei Platten auseinander driften, steigt Magma aus dem Erdmantel auf und bildet eine neue ozeanische Kruste. Bewegen sich jedoch zwei Platten aufeinander zu, dann taucht die eine oft unter die andere und sinkt langsam ins Erdinnere. Dort schmilzt sie ab und an dieser Stelle entsteht dann ein Tiefseegraben. Wenn dagegen zwei Platten voll aufeinander prallen, werden hohe Gebirgszüge aufgefaltet. Manche Platten reiben sich auch dauernd aneinander. An ihren Rändern entstehen die meisten Erdbeben und Vulkane.

ALFRED WEGENER 1880 1930

S4

REPUBLIK ÖSTERREICH

Eine kühne Theorie
Im Jahr 1912 stellte der deutsche Geowissenschaftler Alfred Wegener erstmals seine Theorie von der Kontinentaldrift vor. Seiner Ansicht nach zerbrach vor vielen Jahrmillionen der Urkontinent Pangäa. Die einzelnen Stücke drifteten auseinander, bis sie die Lage der heutigen Kontinente einnahmen.

Treibende Kraft

Strömungen im Erdmantel bewegen die riesigen Platten auf der Erdoberfläche. Die Wissenschaftler wissen aber nur sehr wenig über den Verlauf und die Fließrichtung dieser Ströme.

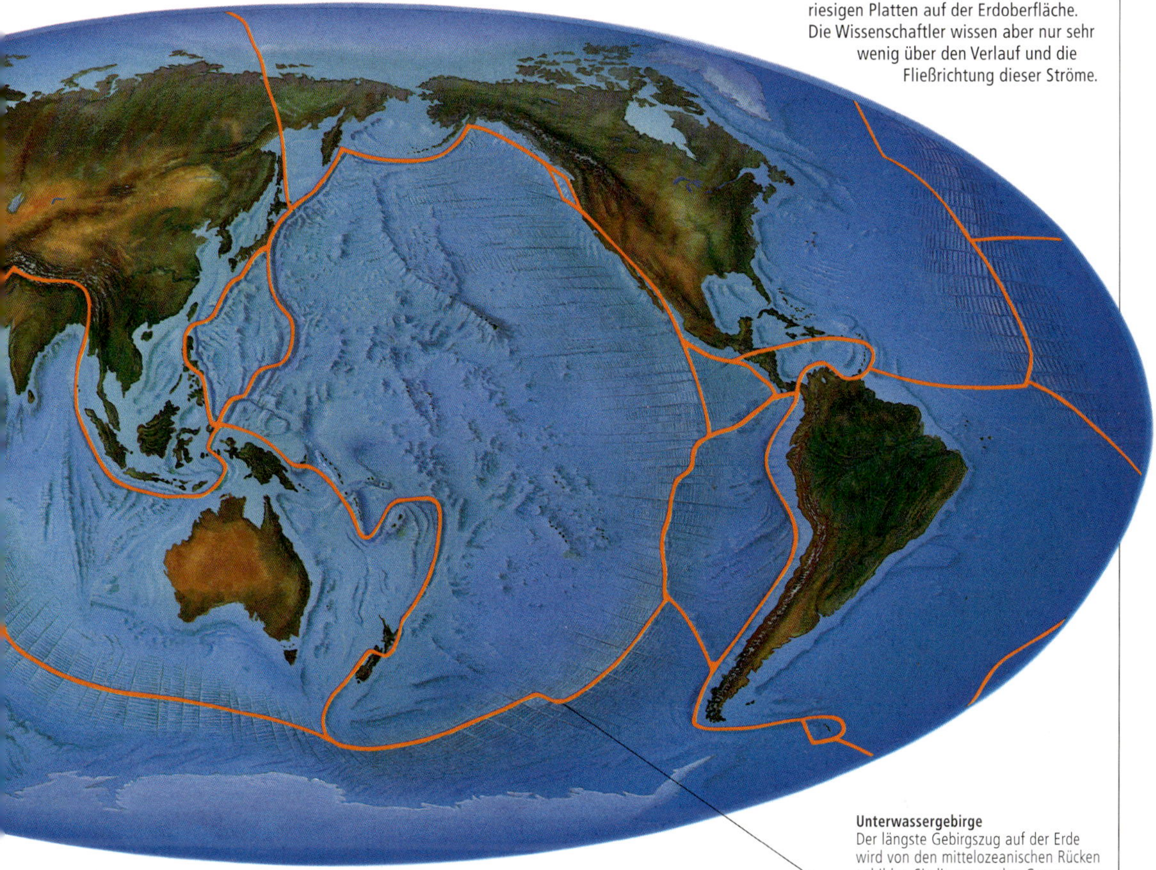

Unterwassergebirge

Der längste Gebirgszug auf der Erde wird von den mittelozeanischen Rücken gebildet. Sie liegen an den Grenzen von Platten, die auseinander streben.

SELTSAM, ABER WAHR

Die Westküste Afrikas und die Ostküste Südamerikas passen fast ineinander. Sie hingen einmal zusammen. An der Nahtstelle gibt es dieselben Gesteine. Auch der versteinerte Farn *Glossopteris* findet sich überall im einstigen Gondwanaland.

Glossopteris

GLEITBEWEGUNG

An manchen Stellen gleiten die zusammentreffenden Platten der Lithosphäre mit den Rändern aneinander vorbei. Da die Ränder nicht glatt sind, verhaken sie sich und es bauen sich erhebliche Spannungen auf. Dadurch entstehen Spalten und Risse im Gestein. An diesen Stellen kommt es häufig zu Erdbeben. Das Bild zeigt deutlich, wie durch eine solche Spalte in der Erdkruste die schnurgeraden Baumreihen einer Obstplantage versetzt wurden.

Zum Weiterlesen 6–8

Landschaft unter Wasser

Der Atlantik misst an der breitesten Stelle rund 7000 km. Jahr für Jahr dehnt er sich um etwa 2 cm aus. Diesen Vorgang nennt man Meeresbodenspreizung. Sie kommt dadurch zu Stande, dass sich die Platten der Erdkruste hier ständig voneinander wegbewegen. Dabei entsteht auf dem Meeresboden immer wieder ein tiefer Spalt. In den Spalten steigt Magma auf, um den Riss zu kitten. Das flüssige Gestein erkaltet und wird hart. Es bildet hohe Gebirge, die mittelozeanischen Rücken. Sie sind neben den Erdteilen und den Ozeanen das dritte Bauelement der Erdkruste. Anders als viele Gebirge auf dem Festland sind sie nicht aufgefaltet, sondern von Magma aufgetragen. In der Mitte dieser Rücken verläuft jeweils ein tiefer Graben, das Rift, aus dem Magma quillt. Entlang dieser Gräben wachsen Vulkane, bis sie nach Jahrmillionen als Inseln aus dem Wasser ragen. Auch die vulkanischen Inseln Island und Hawaii sind so entstanden.

Rauchende Kamine
In den Vulkanschloten lagern sich Schwefelverbindungen ab und bauen bis zu 10 m hohe Kamine auf.

Meeresbodenspreizung
An den mittelozeanischen Rücken
entsteht neuer Meeresboden.

Magmakammer

Lithosphäre   Asthenosphäre

Bewegen sich zwei Platten auseinander, dann entsteht ein Rift.

Rift

Aufsteigendes Magma füllt den
Spalt zwischen den Platten aus.

Das Magma kühlt ab und wird
damit zu neuem Meeresboden.

Black Smoker
Im Jahr 1977 hat
man heiße Vulkan-
quellen am Meeres-
boden entdeckt. Diese
„Black Smokers" liegen
an vulkanisch sehr aktiven
mittelozeanischen Rücken.
Die Mineralien in den heißen
Quellen dienen Bakterien als
Energiespender und so leben
hier viele Röhrenwürmer, Krebse,
Riesenmuscheln und Tiefsee-Aale.

DIE GEBURT EINER INSEL

Im Jahr 1963 entstand durch einen
Vulkanausbruch unterhalb des
Wasserspiegels die Insel *Surtsey*. Sie
liegt vor der Südwestküste Islands,
wo es viele aktive Vulkane gibt. Die
Eruption begann mit Dampf und
Rauch und einer mächtigen Aschensäule. Durch Wärme und Druck tief
im Erdinneren wurde ein Teil des
mittelozeanischen Rückens zur
Erdoberfläche gedrückt. Die Insel
wuchs mehrere Monate lang und
heute ist sie 2,6 km² groß. Ihr
Wahrzeichen ist der steile Vulkankegel.

Wasserzirkulation
Die Pfeile zeigen die
Strömungsrichtung in
den „Black Smokers".
Das in die Spalten ein-
gedrungene Meerwasser
wird im Erdinneren bis
auf 300 °C aufgeheizt
und tritt in den heißen
Quellen wieder aus.

Zum Weiterlesen 8–9

Die Erdkruste

Es gibt Gebiete auf der Erde, in denen tätige Vulkane und Erdbeben besonders häufig sind. Die japanischen Inseln gehören
dazu, aber auch Griechenland und die Türkei. Dort stoßen Platten
der Erdkruste aneinander. Treffen eine ozeanische und eine kontinentale Platte aufeinander, wird die dünnere ozeanische Platte unter
die kontinentale Platte geschoben. An der Abtauchstelle, der Subduktionszone, entsteht ein Tiefseegraben. Das Gestein, das ins
Erdinnere geschoben wird, wird zu Magma eingeschmolzen und
vermischt sich mit der bereits vorhandenen Gesteinsschmelze.
Das flüssige Magma steigt nach oben und wird bei einem Vulkanausbruch wieder an die Oberfläche der Erdkruste gedrückt. So
verändert die Erde ständig ihr Gesicht und wird immer wieder
von neuem aufgebaut. Dieser Vorgang vollzieht sich in Zeit-
räumen von Jahrmillionen. Im Vergleich zu den sanften
Vulkanen der mittelozeanischen Rücken sind Subduk-
tionsvulkane explosiv und hoch gefährlich, weil die
abtauchenden Gesteine viel Wasser enthalten, das
beim Aufschmelzen heiße Gase bildet.

Ozean trifft auf Ozean
Wenn zwei ozeanische Platten aufeinander treffen, taucht eine davon
ins Erdinnere ab. Das aufsteigende
Magma bildet dann einen Inselbogen mit Vulkanen, wie etwa die
Kleinen Antillen in der Karibik.

Inselbogenvulkan

Ozeanische Kruste

Magma

Subduktionszone

Asthenosphäre

Ozean trifft auf Kontinent
Wenn eine Platte mit dünner ozeanischer Kruste auf eine Platte mit
viel dickerer kontinentaler Kruste trifft, so taucht die dünnere Platte
ab und ein Tiefseegraben entsteht. Das aufsteigende Magma bildet
eine Reihe von Vulkanen, wie etwa an der Westküste Südamerikas.

Lithosphäre

Graben

Vulkan

Asthenospähre

Ozeanische Kruste

Kontinentale Kruste

Subduktionszone

Magma

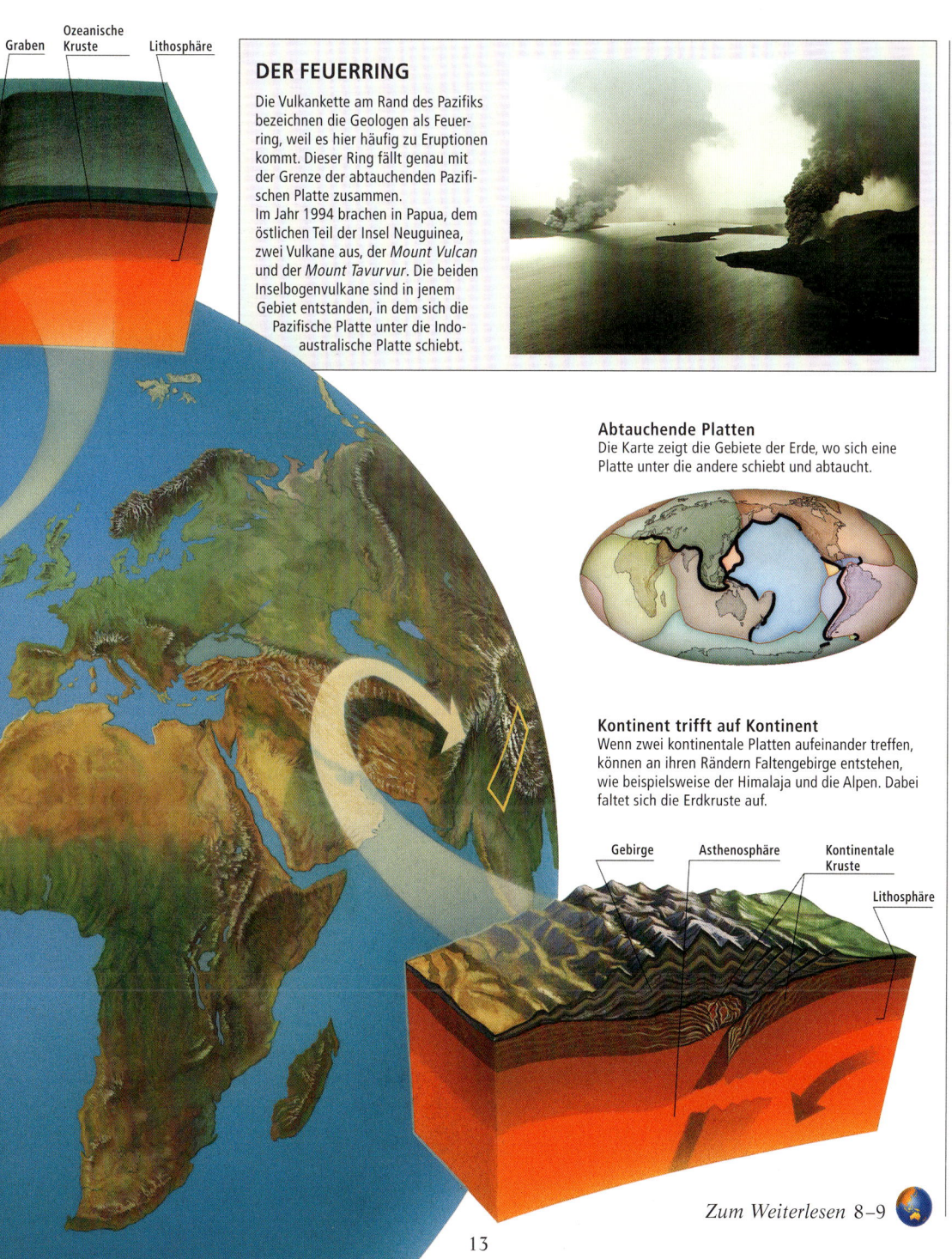

Graben Ozeanische Kruste Lithosphäre

DER FEUERRING

Die Vulkankette am Rand des Pazifiks bezeichnen die Geologen als Feuerring, weil es hier häufig zu Eruptionen kommt. Dieser Ring fällt genau mit der Grenze der abtauchenden Pazifischen Platte zusammen.

Im Jahr 1994 brachen in Papua, dem östlichen Teil der Insel Neuguinea, zwei Vulkane aus, der *Mount Vulcan* und der *Mount Tavurvur*. Die beiden Inselbogenvulkane sind in jenem Gebiet entstanden, in dem sich die Pazifische Platte unter die Indoaustralische Platte schiebt.

Abtauchende Platten

Die Karte zeigt die Gebiete der Erde, wo sich eine Platte unter die andere schiebt und abtaucht.

Kontinent trifft auf Kontinent

Wenn zwei kontinentale Platten aufeinander treffen, können an ihren Rändern Faltengebirge entstehen, wie beispielsweise der Himalaja und die Alpen. Dabei faltet sich die Erdkruste auf.

Gebirge Asthenosphäre Kontinentale Kruste Lithosphäre

Zum Weiterlesen 8–9

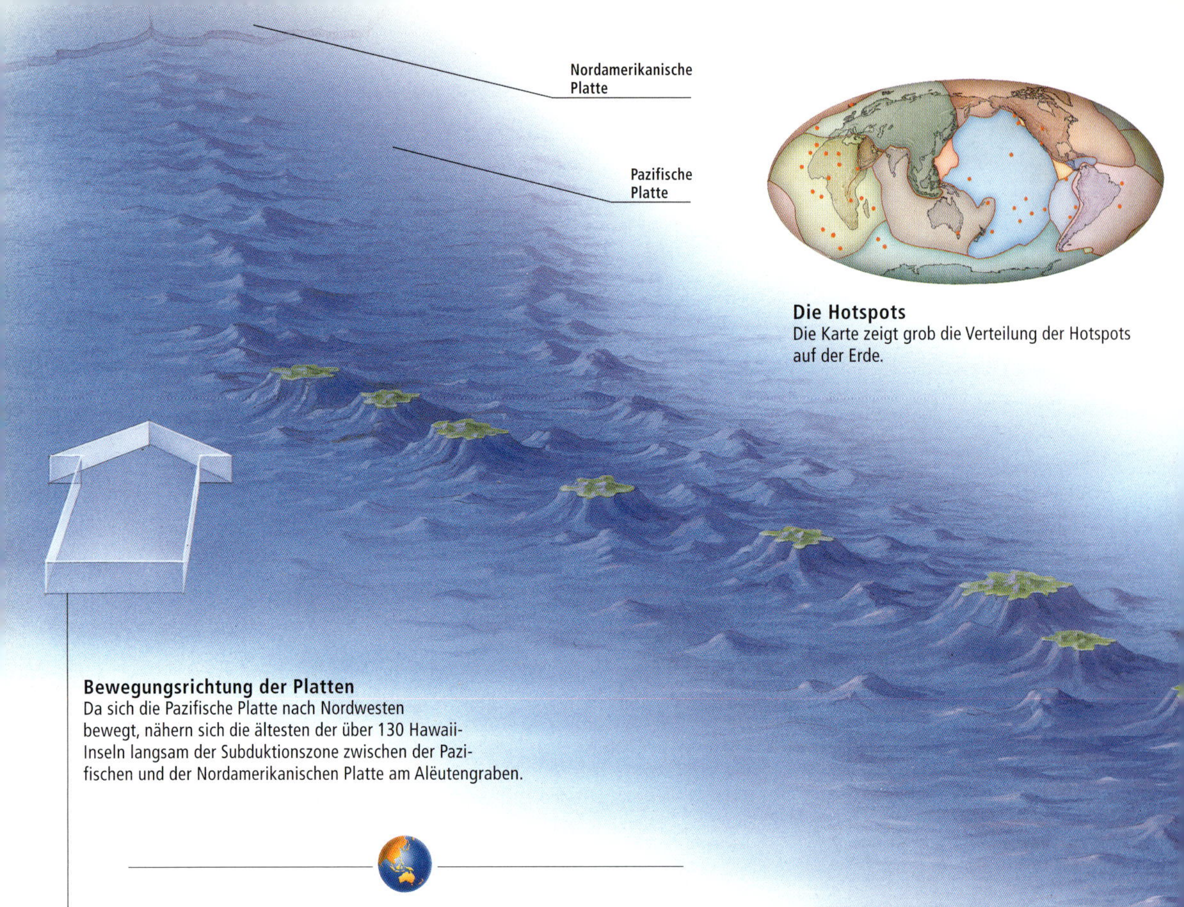

Die Hotspots
Die Karte zeigt grob die Verteilung der Hotspots
auf der Erde.

Bewegungsrichtung der Platten
Da sich die Pazifische Platte nach Nordwesten
bewegt, nähern sich die ältesten der über 130 Hawaii-
Inseln langsam der Subduktionszone zwischen der Pazifischen und der Nordamerikanischen Platte am Aläutengraben.

Ein heißer Fleck

Auf einer Weltkarte aller Vulkane sieht man, dass Feuer speiende
Berge nicht nur an den Plattenrändern der Erdkruste auftreten. Es
gibt auch Vulkane mitten auf den Platten. Sie entstehen über einer
Magmaquelle im Erdmantel. Das geschmolzene Gestein steigt dort
nach oben, durchstößt die Erdkruste wie ein Schneidbrenner und
ergießt sich über die Erdoberfläche. Solche Stellen bezeichnen wir
als Hotspots, als „heiße Flecken". Während sich die Platte über
den Hotspot hinwegbewegt, erlöschen ältere Vulkane und neue
treten auf. Auch die heute noch aktiven Vulkane auf Hawaii, der
Mauna Loa und der *Kilauea*, werden mit der Zeit erlöschen, weil
sich die Insel von deren Hotspot entfernt. Dafür wird ein anderer
aktiver Vulkan auf dem Meeresgrund, der *Loihi* im Südosten, eine
neue Insel bilden. Die Vulkane im Nordwesten Hawaiis liegen von
der Magmaquelle schon zu weit weg, um auszubrechen.

Ein Vulkan im Indischen Ozean
Der *Piton de la Fournaise* auf der Insel
Réunion ist einer der aktivsten Vulkane.

14

Lavaströme des Kilauea
Hotspotvulkane wie der *Kilauea* auf Hawaii werfen sehr dünnflüssige Lava aus, die mit einer Geschwindigkeit von bis zu 100 km/h abfließt.

HOTSPOTS AUF KONTINENTEN

Der Yellowstone-Nationalpark im amerikanischen Staat Wyoming hat eindrucksvolle Geysire und heiße Quellen. Das Gebiet zählt zu den berühmtesten Hotspots auf der Erde. Das Magma im Erdinneren erhitzt unterirdisches Wasser zu Heißdampf, der unter hohem Druck steht. Der Dampf sucht sich einen Weg durch die Spalten in der Erdkruste und schießt dann als Geysir an die Oberfläche. Manche Forscher meinen, in einigen hunderttausend Jahren würde es im Yellowstone-Nationalpark zu einem größeren Vulkanausbruch kommen.

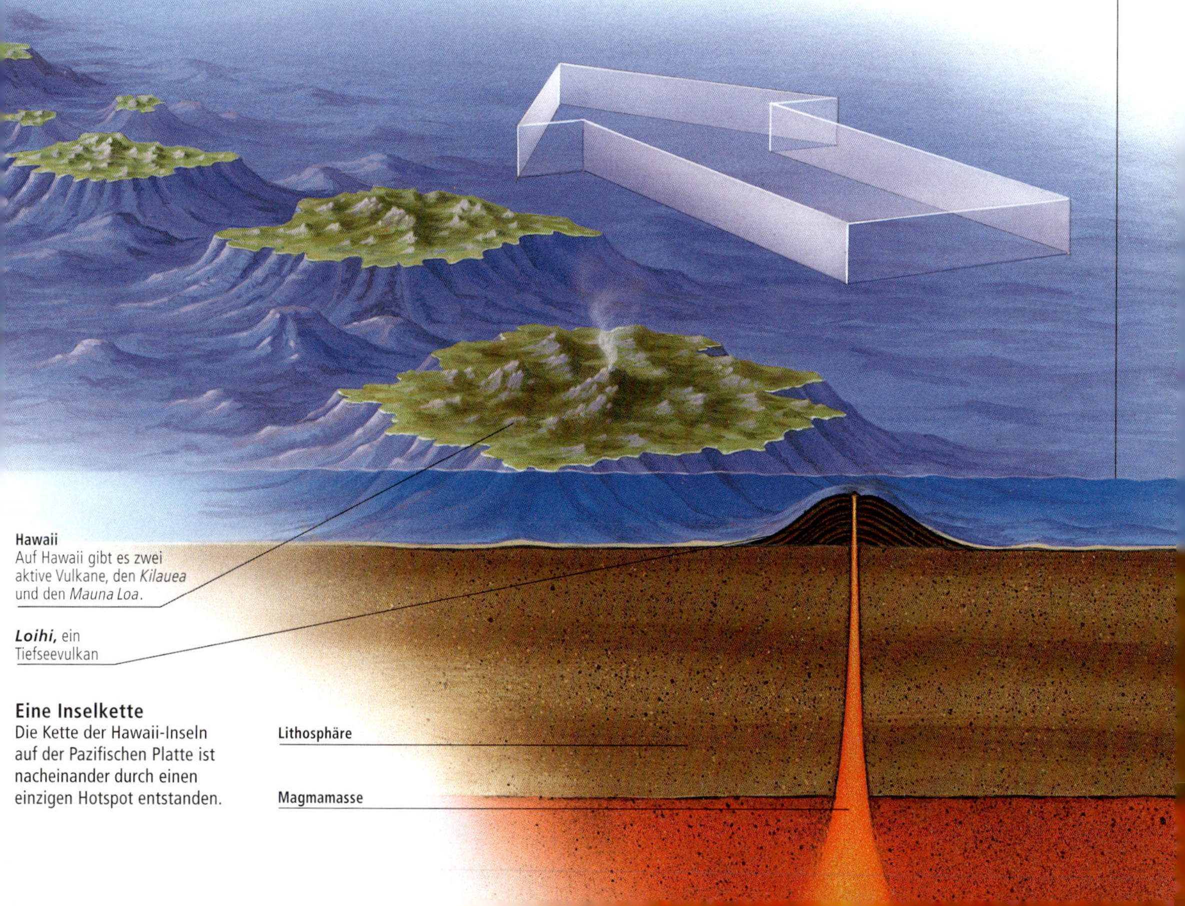

Hawaii
Auf Hawaii gibt es zwei aktive Vulkane, den *Kilauea* und den *Mauna Loa*.

Loihi, ein Tiefseevulkan

Eine Inselkette
Die Kette der Hawaii-Inseln auf der Pazifischen Platte ist nacheinander durch einen einzigen Hotspot entstanden.

Lithosphäre

Magmamasse

Eine sibirische Legende
In Kamtschatka in Sibirien erzählen sich die Menschen eine alte Geschichte. Danach fährt ihr Gott Tuli mit der Erde auf einem Schlitten, der von flohgeplagten Hunden gezogen wird. Jedes Mal wenn diese stehen bleiben, um sich zu kratzen, bebt die Erde.

Ein altgriechischer Mythos
Die alten Griechen glaubten, ihr Feuergott Hephaistos lebe im *Ätna* auf Sizilien. Dort stelle er Waffen für die Götter her. Immer wenn er das rot glühende Eisen schmiede, sprühe ein Funkenregen aus dem Vulkan.

Mythen und Legenden

Seit alten Zeiten erzählen sich die Völker ähnliche Geschichten über geheimnisvolle Mächte, die Vulkane ausbrechen lassen und die Erde zum Beben bringen. Sie führen die unerklärlichen Naturkatastrophen auf den Zorn der Götter oder böswillige Dämonen zurück, die in Vulkanen leben und von Zeit zu Zeit die Menschen bestraften. Der griechische Philosoph Platon berichtete von dem sagenhaften Kontinent Atlantis, den ein Vulkan zerstörte, weil die Menschen dort zu überheblich geworden waren. Die alten Römer glaubten, ihr Feuergott Vulcanus arbeite in einer Schmiede unter der heutigen Insel Vulcano an der Südspitze Italiens. Auch die Azteken in Mexiko waren davon überzeugt, dass sich in den Lavaseen die Götter aufhielten, und opferten ihnen Jungfrauen, um sie zu besänftigen.

SELTSAM, ABER WAHR

Im Jahr 1660 regnete es kleine schwarze Kreuze auf Neapel – ein Beweis für die Neapolitaner, dass ihr Stadtheiliger Januarius sie beschützte. Die Kreuze waren in Wirklichkeit Zwillingskristalle des Minerals Augit, die der *Vesuv* ausgeworfen hatte.

PELE

Pele, die hawaiianische Göttin des Feuers und der Vulkane, soll im Krater des *Kilauea* wohnen. Man hält sie für die Urheberin der vielen Vulkanausbrüche und noch heute spielt sie im Brauchtum der Insel eine Rolle. Früher fürchtete man die Göttin, weil sie immer wieder Dörfer mit Lavaströmen zudeckte. Die temperamentvolle Pele wirft Lava auf jeden, der schlecht über sie spricht. Sie ärgert sich auch über alle, die ihr die Lava stehlen. Nicht wenige Menschen haben Lavastücke, die sie im Vulkan-Nationalpark von Hawaii gesammelt hatten, aus Angst vor Pele wieder zurückgeschickt. Man erzählt sich auch, dass Pele mit ihren Lavaströmen die Häuser der Menschen verschonte, die ihr Vertrauen in sie öffentlich kundtaten. Viele Eingeborene behaupten, sie hätten Pele vor einem Vulkanausbruch gesehen. Sie soll dann entweder als runzlige Alte oder als wunderschönes junges Mädchen erschienen sein. Andere wollen ihr Bild in der Lavaglut erkannt haben.

Ein Balanceakt
Nach einem hinduistischen Mythos trägt ein Elefant die Erde auf seinem Rücken. Er selbst steht auf einer Schildkröte, die wiederum auf einer Kobra balanciert. Wenn sich nur einer von ihnen rührt, kommt es zu einem Erdbeben.

Formen der vulkanischen Tätigkeit

Hawaiitätigkeit
Ruhiges Ausfließen großer, dünnflüssiger Lavamengen ohne Explosionen.

Peléetätigkeit
Ausbruch von Glutwolken, die aus geschmolzener zäher Lava und Gasen bestehen.

Strombolitätigkeit
Auswurf von Schlacken und Bomben, Ausstoß von Dampf und Aschenwolken.

Vulcanotätigkeit
Ausstoß sehr dicker, zähflüssiger Lava und großer Bomben bei starken Explosionen.

Vesuvtätigkeit
Hohe Aschen- und Gaswolken in Form eines Blumenkohls.

Eine Eruption

Bevor ein Vulkan ausbricht, sammelt sich glühend heißes Magma aus geschmolzenem Gestein in Kammern in der Erdkruste oder tiefer. Allmählich entsteht ein solcher Druck, dass das Magma nach außen drängt. Es kommt zum Ausbruch: Zuerst steigen Wasserdampf und Gase als weiße Rauchwolken aus dem Vulkankrater auf. Dann werden feinste Aschenteilchen herausgeschleudert. Schließlich spuckt der Vulkan auch größere Lavabomben aus, die sofort erhärten. Die ausfließende Lava kann dick und zäh oder aber sehr dünnflüssig sein. Das hängt von der Art der vulkanischen Tätigkeit ab. Danach richtet sich auch die Form des Gesteins, das nach dem Erkalten übrig bleibt. Auf der Erde gibt es viele tätige Vulkane. Manche ruhen nur und können jederzeit wieder ausbrechen. Andere gelten als endgültig erloschen. Vulkanausbrüche sind gewaltige Naturereignisse. Sie verändern nicht nur die Erdoberfläche, sondern auch das Wetter. Und sie zerstören Lebensräume und Städte und vernichten alles Leben.

Der Ausbruch eines Vulkans
Dieser Querschnitt zeigt, was während einer Eruption im Inneren eines Vulkans vor sich geht.

Seitlicher Schlot
Unter dem Druck des Erdinneren wird Magma in seitlichen Schloten durch Spalten im Gestein nach außen gestoßen und eröffnet einen Nebenkrater.

WARUM MENSCHEN IN DER NÄHE VON VULKANEN LEBEN

Seit vielen Jahrhunderten gibt es Dörfer und Städte in unmittelbarer Nähe von tätigen Vulkanen. Auf Island verwenden die Menschen die Wärmeenergie ihrer Vulkane zum Heizen und zur Stromgewinnung. In anderen Ländern siedeln sich Menschen um Vulkane an, weil die Lavaböden sehr fruchtbar sind. So leben in Indonesien die meisten Menschen auf Inseln mit tätigen Vulkanen. Das Bild zeigt Reisterrassen in nächster Umgebung des Vulkans *Gunung Agung* auf Bali, Indonesien.

Von oben
Der Vulkan stößt eine Wolke aus Dampf, Asche und Gas in die Luft. Oft fliegen auch große rundliche Bomben kilometerweit. Flüssige Lava strömt über die Flanken des Vulkankegels herab.

Krater
Aus dem trichterförmigen Krater stößt der Vulkan Lava, Asche, Gase und Dämpfe aus.

Kegel
Ein Vulkankegel besteht aus vielen Aschen- und Lavaschichten, die der Anzahl der Eruptionen entsprechen.

Zentraler Schlot
Der Schlot verbindet die Magmakammer mit dem Vulkankrater. Das im Schlot aufsteigende Magma wird als glutflüssige Lava ausgestoßen.

Sill
Nicht immer gelangt das Magma an die Oberfläche. Manchmal erkaltet es zwischen Gesteinsschichten zu einem Lagergang oder Sill.

Magmakammer
Dickes, geschmolzenes Magma wandert im Erdmantel nach oben und sammelt sich in Magmakammern. Dort vermischt es sich mit Gasen und Wasserdampf. Der Druck steigt so an, dass das Magma im Schlot nach oben drängt und ausgestoßen wird.

Spalteneruption
Magma kann auch aus sehr langen Spalten austreten, zum Beispiel in den mittelozeanischen Rücken.

Lavaströme

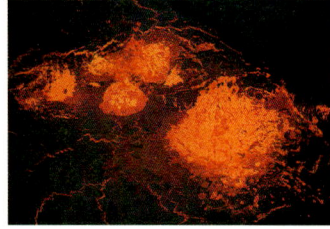

Lavaseen
Lava sammelt sich nach der Eruption des
Pu'u O'o auf Hawaii in einer Reihe von Seen.

Sturz ins Meer
Dünnflüssige Lava fließt über den Abhang
eines Vulkans auf Hawaii ins Meer, wo sie
schließlich erkaltet.

Meist ergießt sich ein Strom von Lava über die Hänge des Vulkans.
Anfänglich ist die rot glühende Lava 1200 °C heiß. Beim Abkühlen
wird sie zäh und fließt langsamer, bis sie erstarrt. Man kennt verschiedene Lavaformen: Dickflüssige Lava bricht nach dem Erkalten
in große, unregelmäßige Blöcke auf. Dünnflüssige Lava zeigt eine
ziemlich glatte Oberfläche. In größerer Tiefe erkaltet die Lava langsam zu hartem Basalt. Dabei schrumpft das Gestein, sodass oft regel-
mäßige, sechseckige Basaltsäulen entstehen. Die explosiven Vulkane
stoßen dicke Lava mit hohem Silikatgehalt aus. Beim Abkühlen entsteht vulkanisches Glas wie Obsidian. Aus diesem harten Mineral
haben die mittelamerikanischen Indianer ihre Messerklingen herge-
stellt. Enthält das Magma viel Gas oder Wasser oder ist der Vulkanschlot verstopft, so kann eine heftige Eruption erfolgen. Dann
fliegen Lavabomben in alle Richtungen.

LAVAFORMEN

Nach der Beschaffenheit der Oberfläche unterscheidet man drei Lavaformen: Die Kissenlava ist auf der Erde am weitesten verbreitet. Diese Art der Lava tritt unter Wasser aus, besonders in den mittelozeanischen Rücken, und erkaltet dort in Kissen- oder Wulstform. Kissenlava findet sich auch auf dem Festland, wenn das Gebiet früher unter dem Meeresspiegel lag. Die Fladenlava ist zu Beginn ziemlich dünnflüssig. Die Oberfläche kühlt schnell ab und bildet eine bewegliche Haut. Diese wird von der darunter fließenden Lava aber so verdreht, dass nach dem Erkalten dicke Würste übrig bleiben. Die Blocklava mit scharfkantigen, bis zu 100 m mächtigen Blöcken entsteht aus dickflüssiger Lava.

Kissenlava

Fladenlava

Blocklava

Ein glühender Strom
Bei dieser Eruption auf Hawaii strömt die dünnflüssige Lava sehr schnell den Berghang hinab. Sie verbrennt auf ihrem Weg alle Pflanzen und Häuser und legt eine neue Lavaschicht über die alte.

21

Aschenwolke
Explosive Vulkane stoßen die Asche hoch in die Luft. Danach fällt sie nieder und schießt als Glutwolke über den Berghang zu Tal.

Ein Aschenregen
Auf der griechischen Insel Santorin (roter Punkt) fand im Jahr 1645 v. Chr. eine heftige Eruption statt. Forscher vermuten, dass sich eine 30 km hohe Aschenwolke über das östliche Mittelmeer ausbreitete.

Gas und Asche

Im Magma sind fast immer Gase gelöst, vor allem Kohlendioxid und Schwefeldioxid. Beide sind für Menschen gefährlich. Beim Aufsteigen aus dem Erdinneren sinkt der Druck, sodass sich die Gase ausdehnen können. Aus leichtflüssigem Magma entweichen die Gase rasch. Es kommt deshalb nicht zu heftigen Eruptionen. In zähflüssigem Magma hingegen baut sich ein ungeheurer Gasdruck auf, der sich schließlich heftig entlädt. Bei solchen explosiven Ausbrüchen fliegen Gesteinsbrocken und gashaltige Bimssteine kilometerweit durch die Luft. Asche entsteht, wenn das Gestein bei einer Explosion in Abermillionen winzige Stücke zerrissen wird. Ein Aschenregen richtet meist mehr Schäden an als der Lavastrom, weil er ein viel größeres Gebiet bedecken kann. Manchmal trägt der Wind die Aschenwolken um die ganze Welt. Sie können Flugzeugen gefährlich werden und das Wetter stark beeinflussen.

Überall Asche
Einwohner mit Gesichtsmasken in der philippinischen Stadt Olongapo nach dem Aschenregen, der 1991 bei der Eruption des *Pinatubo* fiel.

MAURICE UND KATIA KRAFFT

Das französische Ehepaar Maurice und Katia Krafft
gehörte zu den bekanntesten Vulkanologen. Sie erlebten
über 150 Vulkanausbrüche auf der ganzen Welt hautnah
mit. Darüber schrieben sie viele Bücher und drehten
wundervolle Filme. Bei ihrer Arbeit gerieten sie oft in
große Gefahr. Für viele Aufnahmen mussten sie Asbest-
anzüge tragen, um die ungeheure Hitze auszuhalten.
Beide starben 1991, als sie während der Eruption des
Unzen in Japan eine Glutwolke filmten.

Glühende Steine

Bei heftigen Vulkanausbrüchen
fliegen kleine Stücke von Vulkangestein sowie Bimssteine
durch die Luft. Oft
fallen auch größere,
rundlich geformte
Lavabomben
nieder.

Glutwolke

Diese Glutwolke besteht
aus Aschenteilchen und Gasen
und ist ungefähr 100 °C heiß. Sie
gleitet mit einer Geschwindigkeit von
bis zu 250 km/h nach unten und vernichtet
alles, was sie auf ihrer Bahn berührt.

Aus nächster Nähe
Dieser Vulkanologe trägt einen feuerfesten Schutzanzug. Er untersucht einen Lavastrom, der bei einer Spalteneruption auf Island ausgeflossen ist.

Eine gefährliche Arbeit
Vulkanologen nehmen Gasproben mitten im Krater des Ätna auf Sizilien.

Vulkanforscher

Die Wissenschaftler, die Vulkane untersuchen, nennt man Vulkanologen. Sie versuchen auch vorherzusagen, wann ein Vulkan ausbricht. Dazu betreiben sie Feldforschung in einem Krater oder an den Abhängen tätiger Vulkane. Dort nehmen sie Lava- und Gasproben und messen Temperaturveränderungen. Sie beobachten, ob ein Vulkan plötzlich immer mehr Asche und Gase ausstößt. Um die Erschütterungen der Erde aufzuzeichnen, stellen sie an den Berghängen Seismometer auf. Den Eruptionen gehen nämlich meistens Erdbeben voraus. Nahe am Schlot des *Kilauea* auf Hawaii stehen Observatorien, in denen Forscher schon seit Jahren die tägliche Aktivität des Vulkans beobachten. Erst wenn man möglichst viele Daten gesammelt hat, kann man Voraussagen wagen. Nicht alle Vulkanausbrüche sind jedoch auch vorhersehbar. Manche ereignen sich ohne jede Vorwarnung.

Der Kollege Roboter
Dieser Roboter namens Dante krabbelte in den Krater des *Mount Erebus* auf Antarktika und untersuchte dort die Lava und die vulkanischen Gase.

SCHON GEWUSST?

Vulkanologen messen die Temperatur der Lava mit einem Thermoelement. Die Lava ist nämlich so heiß, dass ein herkömmliches Thermometer sofort explodieren oder schmelzen würde.

UNGLÜCKLICHES TREFFEN

Im Jahr 1988 zeigte der Vulkan *Galeras* in Kolumbien nach fast 40-jähriger Ruhe Zeichen neuer Aktivität. Deshalb trafen dort 1993 Wissenschaftler aus aller Welt zusammen, um den *Galeras* zu beobachten. Sie führten Feldforschungen an den Abhängen und im Krater durch. Am 14. Januar nahm eine Gruppe im Krater Messungen vor und gewann Gasproben. Als sie den Krater verließ, explodierte der Vulkan. Er tötete neun Vulkanologen, fünf kamen mit Verletzungen davon. Durch die Explosion entstand eine 3 km hohe Aschen- und Gaswolke. Niemand hatte vorhersehen können, dass der Vulkan so schnell explodieren würde.

Eine Zeitbombe
Der Krater des 4270 m hohen *Galeras* liegt nur 6 km von Pasto entfernt, einer Stadt mit über 300 000 Einwohnern!

Schreckliche Gewissheit
Nach der folgenschweren Explosion des *Galeras* nehmen die Vulkanforscher Gasproben vom Rand des inneren Kraters.

Weltweite Verbreitung

Ein großer Vulkan kann unvorstellbare Mengen von Asche, Gas und Staub in die Atmosphäre und in die Stratosphäre speien. Starke Winde verfrachten die Wolken dann in alle Teile der Erde.

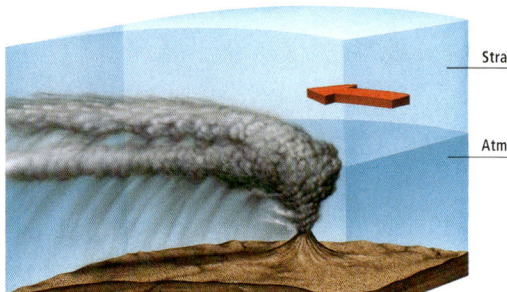

Stratosphäre

Atmosphäre

Wetterstörung

Vulkaneruptionen führen zu großen Veränderungen in der Umwelt. Nach einem Ausbruch wird das Gebiet oft monatelang von heftigen Winden, von Regenfällen und Schlammströmen heimgesucht. Die feine vulkanische Asche in der Luft macht das Atmen zur Qual. Triebwerke der Flugzeuge können durch die Asche und den Staub in der Luft regelrecht verstopfen. Die vulkanischen Glasteilchen wirken wie Schmirgelpapier und zerstören die Motoren. Wenn Gase und Asche bis in die Stratosphäre gelangen, können sie um die ganze Welt ziehen. Sie verursachen spektakuläre Sonnenuntergänge, weil sich das Licht dann an den Gas- und Staubteilchen milliardenfach bricht. Schwefeldioxidwolken reflektieren das Sonnenlicht wieder in den Weltraum und bewirken, dass sich die Erde stark abkühlt. Dadurch können Pflanzen und Tiere zu Grunde gehen. Bei sehr heftigen Aschenausbrüchen herrscht selbst tagsüber nur noch Dämmerlicht. Die Temperatur fällt, was zu langen, kalten Wintern führt.

Ein Feuerwerk

Durch die wiederholten Zusammenstöße von Aschenteilchen lädt sich die Wolke auf. Die Entladung
erfolgt dann in einem heftigen Blitzgewitter über
dem explodierenden Vulkan.

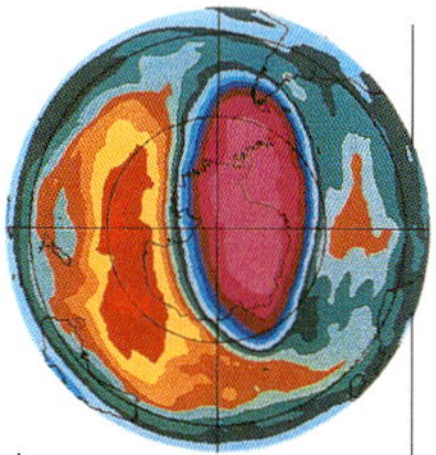

Das Ozonloch

Dieses Satellitenbild
zeigt das Ozonloch in
der Atmosphäre. Es wird umso
größer, je mehr schädliche Gase u. a. von Vulkanen in die Atmosphäre abgegeben werden.

Die Nacht am Tage

Die Asche, die 1982 der *Galunggung*
auf der Insel Java auswarf, machte den
Tag zur Nacht.

EIN JAHR OHNE SOMMER

Auf die Eruption der *Tambora* in Indonesien im
Jahr 1815 folgten dramatische Wetterverände-
rungen. Der Vulkan spie gewaltige Mengen an
Asche in die Stratosphäre. Die Asche zog um die
ganze Erde und führte in einigen Ländern zu Tem-
peraturstürzen. In Teilen Europas und Skandina-
viens herrschte mitten im Sommer Frost. Davon
betroffen waren vor allem die Kulturpflanzen,
sodass eine Hungersnot folgte. Schneefälle außer-
halb der Saison zerstörten auch Felder im Nordosten der USA. Der Himmel auf diesem Bild des
berühmten englischen Malers J. M. W. Turner zeigt
die typische Gelbfärbung durch Vulkanasche.

Nevado del Ruiz

Armero

Schlammstrom
Beim Ausbruch des *Nevado del Ruiz* in Kolumbien, 1985, schmolzen Eis und Schnee auf der Bergspitze. Ein verheerender Schlammstrom begrub die 50 km entfernte Stadt Armero unter einer 40 m dicken Schlamm- und Aschenschicht. Über 23 000 Menschen kamen dabei ums Leben.

Lawinen aus Schlamm

Vulkanausbrüche und Erdbeben können lawinenartige Schlammströme auslösen. Nach einer explosiven Eruption sind die Abhänge der Vulkane von einer Aschenschicht bedeckt. Diese wird durch Schmelz- oder Regenwasser schnell zu einem dicken, feuchten Brei wie Zement. Dann entsteht ein Schlammstrom oder Lahar. Wenn er sich die Hänge herabwälzt, wird er wie eine Lawine immer schneller. Auf seinem Weg abwärts nimmt er Steine, Felsblöcke und Baumstämme mit. Eine solche Schlammlawine wirkt sich oft zerstörerischer aus als ein über die Ufer getretener Fluss. Sie braucht nur wenige Minuten vom Gipfel eines Vulkans bis ins Tal. Dort bedeckt sie Dörfer und Siedlungen, tötet oft tausende von Menschen und richtet verheerende Schäden an. Ist die Schlammwalze erst einmal zum Stillstand gekommen, wird sie schnell hart wie Beton.

Wunderbare Rettung
Noch drei Wochen nach der Eruption des *Nevado del Ruiz* wurden Überlebende gefunden. Hilfsmannschaften aus der ganzen Welt trafen in Armero ein. Hier befreien Helfer ein Kind vom Vulkanschlamm.

Glückliche Überlebende
Nicht einmal 3000 Menschen überlebten den Lahar des *Nevado del Ruiz*, der die Stadt Armero völlig zerstörte.

Lawine durch Erdbeben
1960 löste ein Erdbeben vor Perus Küste eine Lawine am Berg Huascaran aus. Schnee und Gestein stürzten 4000 m tief ins Tal und zerstörten sechs Minuten darauf die Stadt Yungay. Über 50 000 Menschen kamen ums Leben.

BOLLWERK GEGEN DEN SCHLAMM

Das dicht besiedelte Japan hat rund 10 % aller tätigen Vulkane der Welt! Die Vulkanologen registrieren deshalb jede verdächtige Veränderung der Vulkantätigkeit. An besonders aktiven Vulkanen wie dem *Sakurajima* versucht man, mögliche Schlammströme mit Dämmen (rechts) zu stoppen. Verbauungen aus Stahl und Beton (unten) sollen die Ströme bremsen und umlenken. Auch wenn die Vorkehrungen der Schlammlawine nicht immer standhalten, gewinnen die Menschen doch Zeit für die Flucht.

Beginn einer Caldera
Bei weniger heftigen
Eruptionen steigt Magma
durch den Hauptschlot
bis zum Krater.

Das nächste Stadium
Nach einer stärkeren Eruption
sinkt das Magma bis zur
Magmakammer zurück.

Eruption einer Caldera
Die Caldera des *Ngauruhoe*
in Neuseeland speit Asche und
Gaswolken aus.

Der Höhepunkt
Nach einer weiteren heftigen Eruption
sinkt der Magmaspiegel in der Kammer
und hinterlässt einen Hohlraum.

Krater und Caldera

Krater nennt man die obersten trichterförmigen Öffnungen der
Vulkane. Gewöhnlich haben sie einen Durchmesser von etwa
1 km, manchmal auch weniger. Viele Vulkane haben an den
Hängen noch Nebenkrater. Wenn die Lava nicht ausfließen kann
und den Vulkanschlot wie ein Stöpsel verschließt, bilden sich in
den Kratern oft kleine Lavaseen. Einen sehr großen, kesselförmi-
gen Krater bezeichnet man als Caldera. Sie entsteht durch eine
besonders heftige Explosion oder wenn ein Vulkankrater zusam-
menfällt. Ist nämlich die Magmakammer leer, dann kann sie das
Gewicht des Vulkans nicht mehr tragen und die Spitze des Kegels
stürzt ein. Eine Caldera kann über 5 km weit sein. Die größte
liegt im Vulkan *Aso* in Japan: Sie ist 23 km lang und 16 km breit!
Viele Calderen füllen sich später mit Wasser.

Der Krater des Kilauea
Der Krater des *Kilauea* auf Hawaii speit
Lava aus.

KRATERSEEN

Kraterseen entstehen, wenn der Schlot eines untätigen oder erloschenen Vulkans von einem Lavapfropfen verschlossen ist. Nach vielen Jahren füllt sich der Krater mit Wasser. Im Bild sehen wir den *Crater Lake* in den USA. Es handelt sich um eine Caldera, die vor mehr als 6600 Jahren entstand, als die oberste Spitze des *Mount Mazama* einstürzte. Die kleine Insel im Kratersee ist der Rest des Vulkankegels.

Leben in einer Caldera

Pinggan ist eines der vielen Dörfer in der Caldera des heute erloschenen Vulkans *Gunung Batur* auf Bali.

Der Zusammenbruch

Ohne das stützende Magma bricht die oberste Spitze des Vulkans ab und stürzt in die Magmakammer: Eine Caldera ist entstanden.

SELTSAM, ABER WAHR

Der Vulkan *Keli Mutu* auf der indonesischen Insel Flores ist für seine verschiedenfarbigen Kraterseen berühmt. Der *Tiwu Nua Muri Kooh Pai* ist grün, der *Tiwu Ata* hellgrün und der *Tiwu Ata Polo* auffällig rot gefärbt.

Zum Weiterlesen 18–19

Ein erkalteter Schlot
Diese spitze Gesteinsnadel im westafrikanischen Kamerun war einmal ein mit Magma gefüllter Vulkanschlot. Der Vulkankegel wurde völlig abgetragen und zurück blieb nur der außerordentlich harte Schlot.

Vulkane und Landschaften

Tief im Erdinneren ist es so heiß, dass die Gesteine zu Magma schmelzen. Dieses Magma steigt in Spalten der Erdkruste nach oben, kühlt ab, wird hart und bildet wieder festes Gestein. Die Abkühlung vollzieht sich so langsam, dass die Mineralien dieser Gesteine schön auskristallieren können. Auf diese Weise entstehen Granite. Sie gelangen erst dann an die Erdoberfläche, wenn weichere, darüber liegende Gesteine verwittern und abgetragen werden. Dann kommen erstaunliche Landschaften aus alten Vulkanschloten ans Tageslicht. Das Magma, das bei einem Ausbruch an die Oberfläche gelangt, bezeichnet man als Lava. Nach dem Erkalten bilden die Lavaströme Basalte. Diese zeigen sehr oft einen säulenartigen Aufbau. Stark mit Gasblasen durchsetzte Lavastücke nennt man Bimsstein und vulkanische Gläser heißen Obsidiane.

Eine Mauer aus Gestein
Es kommt oft vor, dass Magma beim Aufsteigen in den Gesteinsspalten unterirdisch erkaltet und einen „Dike" bildet. Ein solcher Eruptivgang wurde in Ostaustralien durch die Verwitterung freigelegt. Die Einheimischen nennen diese Magmasäule das „Brotmesser".

Heiße Quellen
Heiße Quellen entstehen, wenn Wasser von Magma oder heißen Gesteinen im Erdinneren aufgeheizt wird und wieder an die Erdoberfläche zurückkehrt. Die Makaken genießen ein warmes Bad in einer der heißen Quellen Nordjapans. Das Vulkangebiet liegt im Grenzbereich zwischen der Pazifischen Platte und der Philippinenplatte.

SCHON GEWUSST?

Diamanten entstehen im Erdmantel unter höchstem Druck und bei extremer Hitze. Aufsteigendes Magma transportiert die Diamanten dann nach oben und bettet sie in vulkanisches Gestein, den Kimberlit, ein.

NUTZEN DURCH VULKANE

Vulkanische Gesteine können auch nützlich sein. Lavaböden sind besonders fruchtbar. Geringe Aschenmengen können als Dünger in den Boden eingebracht werden. Die sehr harten Gesteine Basalt und Granit werden zum Hausbau und beim Straßenbau verwendet. In Vulkankratern lagert sich auch Schwefel ab. Er wird abgebaut und dient zur Herstellung von Gummi und Sprengstoffen. Hier bringen javanische Arbeiter Körbe voll reinem Schwefel aus dem Krater des Vulkans *Kawa Ijen*. Man vermischt den Schwefel auch mit Phosphaten und stellt so Dünger her.

Mondberge
Diese ungewöhnliche
Landschaft in Kappadozien,
Türkei, besteht aus vulkanischem
Tuffstein des heute erloschenen *Erciyas
Dagi*. Wind und Wetter trugen das weiche
Gestein ab und ließen nur die harten Kegel stehen.

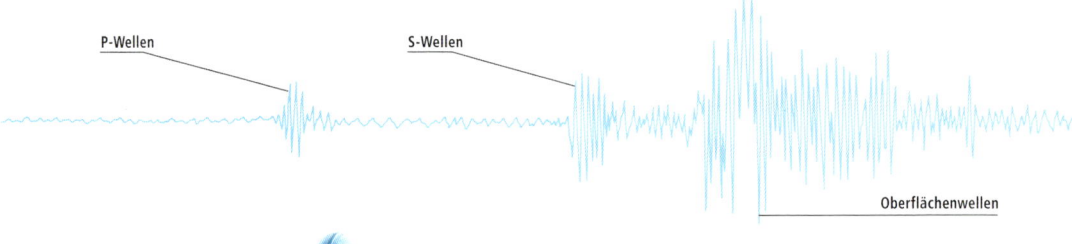

P-Wellen S-Wellen Oberflächenwellen

Aufspüren von Erdbeben

Alle 30 Sekunden bebt die Erde leicht. Doch die meisten Erschütterungen werden nur von empfindlichen Geräten wahrgenommen. Wenn sich durch Plattenbewegungen an einer Subduktionszone oder längs einer Verwerfungslinie Spannungen in der Erdkruste aufbauen und entladen, verschieben sich die Gesteine gegeneinander. Schließlich brechen die Gesteinsschichten im Erdbebenherd oder Hypozentrum auseinander. Dabei laufen Schockwellen in alle Richtungen durch die Erdkruste. Die Erde bebt zunächst unmittelbar über dem Herd, im Epizentrum. Die Stärke des Bebens hängt davon ab, wie tief der Erdbebenherd liegt. Auch die Art des Gesteins und die Bewegung spielen eine Rolle. Es treten drei Arten von Erdbebenwellen auf: Als Erste treffen die P-Wellen ein, dann folgen die S-Wellen und schließlich die zerstörerischen Oberflächenwellen. Nach einem Erdbeben kann die Erde noch tagelang von Nachbeben erschüttert werden.

Erdbebenwellen
Die Energie, die bei einem Erdbeben frei wird, wandert in Form von Wellen durch die Gesteine. Im Bild oben erkennt man ein Seismogramm, eine Aufzeichnung von Erdbebenwellen. Empfindliche Geräte zeichnen die leisesten Erschütterungen auf.

SCHON GEWUSST?

Mit Instrumenten kann man jedes Jahr über 600 000 Erdbeben nachweisen. Zum Glück ereignen sich die meisten in der ozeanischen Kruste und in menschenleeren Gebieten.

Verwerfungslinie

Dehnungsmesser
Das Instrument misst schon geringste Dehnungen und Verformungen in der Erdkruste. Man bringt die Messstrecke möglichst tief über der Verwerfungslinie an.

Das erste Seismometer
Im Jahr 130 n. Chr. erfand der chinesische Astronom Zhang Heng das erste Seismometer zur Wahrnehmung von Erdbebenwellen. Wenn die Erde zitterte, fiel eine Bronzekugel aus dem Maul eines Drachen in das Maul eines Frosches.

34

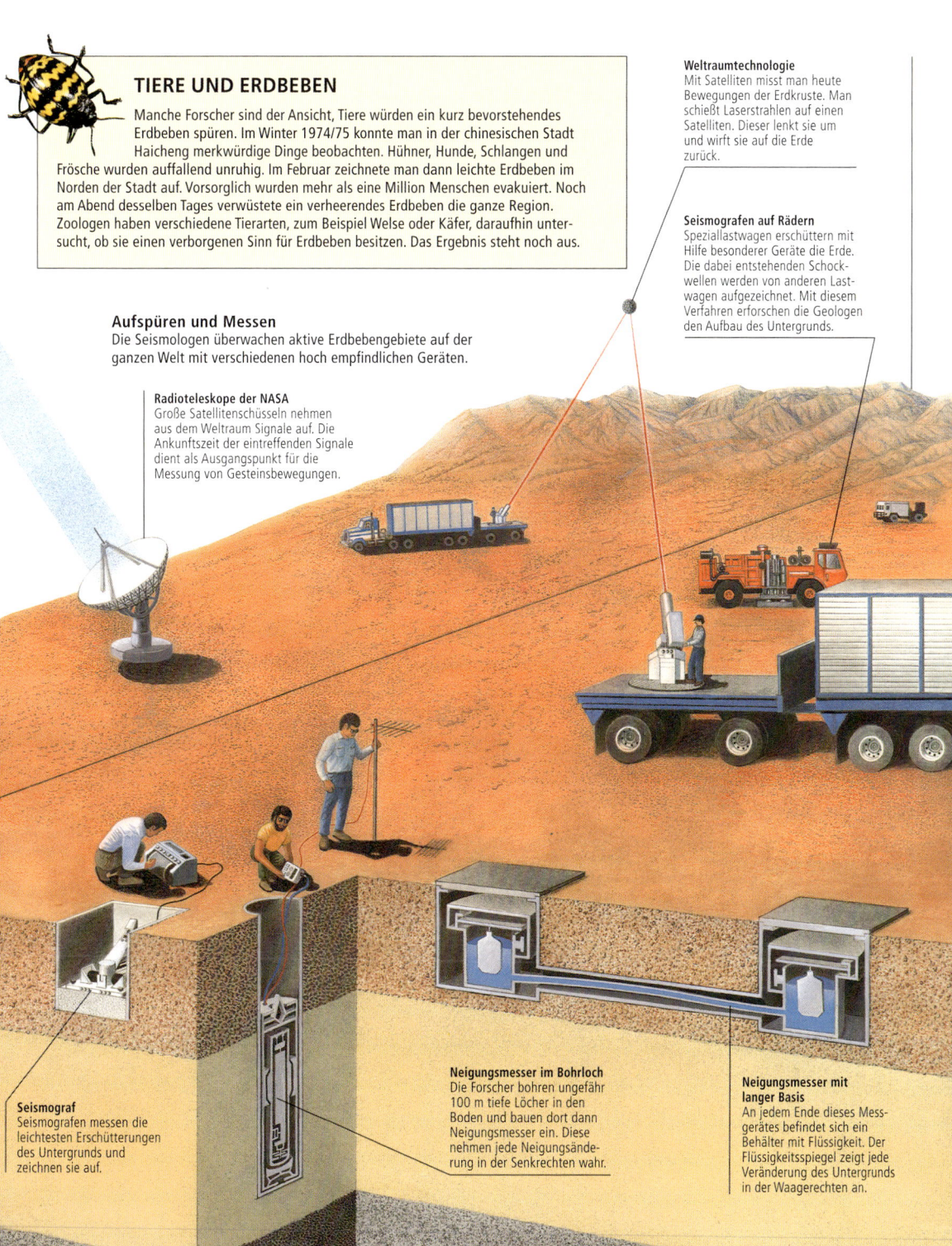

TIERE UND ERDBEBEN

Manche Forscher sind der Ansicht, Tiere würden ein kurz bevorstehendes Erdbeben spüren. Im Winter 1974/75 konnte man in der chinesischen Stadt Haicheng merkwürdige Dinge beobachten. Hühner, Hunde, Schlangen und Frösche wurden auffallend unruhig. Im Februar zeichnete man dann leichte Erdbeben im Norden der Stadt auf. Vorsorglich wurden mehr als eine Million Menschen evakuiert. Noch am Abend desselben Tages verwüstete ein verheerendes Erdbeben die ganze Region. Zoologen haben verschiedene Tierarten, zum Beispiel Welse oder Käfer, daraufhin untersucht, ob sie einen verborgenen Sinn für Erdbeben besitzen. Das Ergebnis steht noch aus.

Weltraumtechnologie
Mit Satelliten misst man heute Bewegungen der Erdkruste. Man schießt Laserstrahlen auf einen Satelliten. Dieser lenkt sie um und wirft sie auf die Erde zurück.

Seismografen auf Rädern
Speziallastwagen erschüttern mit Hilfe besonderer Geräte die Erde. Die dabei entstehenden Schockwellen werden von anderen Lastwagen aufgezeichnet. Mit diesem Verfahren erforschen die Geologen den Aufbau des Untergrunds.

Aufspüren und Messen
Die Seismologen überwachen aktive Erdbebengebiete auf der ganzen Welt mit verschiedenen hoch empfindlichen Geräten.

Radioteleskope der NASA
Große Satellitenschüsseln nehmen aus dem Weltraum Signale auf. Die Ankunftszeit der eintreffenden Signale dient als Ausgangspunkt für die Messung von Gesteinsbewegungen.

Seismograf
Seismografen messen die leichtesten Erschütterungen des Untergrunds und zeichnen sie auf.

Neigungsmesser im Bohrloch
Die Forscher bohren ungefähr 100 m tiefe Löcher in den Boden und bauen dort dann Neigungsmesser ein. Diese nehmen jede Neigungsänderung in der Senkrechten wahr.

Neigungsmesser mit langer Basis
An jedem Ende dieses Messgerätes befindet sich ein Behälter mit Flüssigkeit. Der Flüssigkeitsspiegel zeigt jede Veränderung des Untergrunds in der Waagerechten an.

Überlebens-chancen

In erdbebengefährdeten Gebieten müssen die Architekten beim Bau neuer Gebäude strenge Vorschriften befolgen. Viele Häuser ruhen auf einem armierten, mit Stahlstäben verstärkten Betonfundament. Es bewegt sich nicht, wenn Erdbebenwellen durch den Untergrund ziehen. Bereits bestehende Gebäude verstärkt man, indem man Querverstrebungen in Böden, Mauern, Dächern und Fundamenten einzieht. Sie können dadurch Kräften widerstehen, die in den verschiedensten Richtungen angreifen. Erdgasleitungen sind heute flexibel und verbiegen sich, ohne zu brechen. Schwere Möbelstücke und Geräte befestigt man mit Dübeln an der Wand, damit sie bei einem Beben nicht im Zimmer umherfliegen und die Bewohner gefährden. Trotz solcher Vorsichtsmaßnahmen kommt es aber immer wieder vor, dass auch vermeintlich erdbebensichere Gebäude einstürzen.

Immer vorbereitet
Das Verhalten bei Erdbeben gehört zum täglichen Unterricht der Kinder in Parkfield in Kalifornien. Unter der Stadt verläuft nämlich die berüchtigte Verwerfungslinie des San-Andreas-Grabens.

Sicherheitsmaßnahmen
In dieser Schule sind die Computer fest auf den Tischen, die Regale und Schränke an der Wand befestigt. Die Fensterscheiben sind mit durchsichtigen Klebestreifen gesichert, damit sie nicht brechen, wenn die Erde zittert.

Verhalten bei einem Beben
Wenn ein Erdbebenalarm ausgelöst wird, wird die Erdgasleitung der Schule automatisch unterbrochen. Dies geschieht ab einer Stärke von 3,5 auf der Richter-Skala.

Das Transamerica Building
Dieses raketenartige Gebäude in San Francisco ruht auf einem Betonfloß, das verhindert, dass sich die Erdbebenwellen auf das Gebäude übertragen. So kann es Erdbeben widerstehen.

Probealarm
Wenn der Lehrer „Abtauchen!" ruft, kauern sich alle Schüler unter den nächsten Tisch. Mit einem Arm halten sie den Tisch am Bein fest, den Kopf schützen sie mit den Händen.

SCHWIMMENDER BODEN

Städte, die auf stark wasserhaltigen Böden gebaut sind, etwa auf Seegrund, sind bei einem Erdbeben besonders gefährdet. Die Erdbebenwellen bewirken nämlich, dass sich die festen Bodenteilchen voneinander trennen. Der Untergrund wird dann zu einer dicken Suppe. Die Gebäude sinken ein oder kippen einfach um, weil sie nicht auf festem Grund stehen. Die Gebäude im Bild fielen 1985 in Mexiko-Stadt um. Die Stadt ist bekanntlich auf einem verlandeten See errichtet. In erdbebengefährdeten Städten wie San Francisco und Tokio sind für Neubauten besondere Fundamente Vorschrift.

Katastrophale Schäden

Tsunamis können weite Küstenstriche zerstören. So eine Naturkatastrophe traf zuletzt am 26. Dezember 2004 sämtliche Staaten rund um den Indischen Ozean. Dabei kamen schätzungsweise über 225 000 Menschen ums Leben, rund 1,7 Millionen Menschen wurden obdachlos.

Tsunamis

Es kommt häufig vor, dass der Meeresboden bebt oder ein Vulkan am Meeresgrund ausbricht. Manchmal stürzen an Küsten durch einen Erdrutsch auch große Gesteinsmassen ins Meer. Durch solche Ereignisse werden gewaltige Flutwellen ausgelöst. Wellen, die durch ein Meeresbeben entstehen, werden nach einem japanischen Wort „Tsunamis" genannt. Im Gegensatz zu den Oberflächenwellen bewegt sich bei einem Tsunami eine große Wassersäule vom Meeresboden bis zur Oberfläche. Sie kann sich mit der Geschwindigkeit eines Passagierflugzeugs – also mit bis zu 800 km/h – über den Ozean ausbreiten. Zwei benachbarte Wellenberge können hunderte von Kilometer auseinander liegen, sodass diese Wellen von Schiffen überhaupt nicht wahrgenommen werden. Im flachen Meer werden die Wellen abgebremst. Sie schaukeln sich beim Herannahen an die Küste immer höher auf und stürzen wie eine Wassermauer auf das Festland. Solche Tsunamis richten ungeheure Schäden an. Am häufigsten sind sie im Pazifik.

Schnell wie ein Jet

Ein Erdbeben in Alaska löste einen Tsunami aus, der sich über den ganzen Pazifik ausbreitete. Im pazifischen Raum messen heute Detektoren die Ausbreitungsgeschwindigkeit der Tsunamis, um die Bevölkerung rechtzeitig zu warnen.

RIESIGE FLUTWELLEN

Im Jahr 1992 ereignete sich bei San Juan del Sur in Nicaragua ein Erdbeben, das kaum bemerkt wurde. Minuten später fiel der friedliche Hafen trocken, als hätte jemand der Stöpsel aus einer Badewanne herausgezogen. Die Menschen waren aufs Höchste überrascht und liefen aufgeregt zum Strand. Während sie noch rätselten, schoss ein riesenhafter Tsunami in den Hafen und verschlang Menschen und Gebäude. Die Grafik zeigt, wie das Wasser sich erst zurückzog, um dann als riesige Flutwelle in den Hafen zu stürzen.

1½ Stunden

3 Stunden

4 Stunden

5½ Stunden

8½ Stunden

11½ Stunden

14½ Stunden

17 Stunden

Wellenbildung
Die Wellenhöhe hängt von der Wassertiefe ab. Je seichter die Gewässer werden, umso höher türmt sich die Welle auf. Ein Tsunami kann manchmal über 80 m Höhe erreichen.

39

Ausbruch des Ätna
Bei der Eruption von 2002 zerstörte der
Ätna einen Großteil der touristischen
Infrastruktur am Fuße des Vulkans.

Lavaströme
Dieses alte Bild zeigt, wie sich die Lavaströme
in die Städte am Fuß des *Ätna* wälzen.

Ätna, Stromboli und Vesuv

Am Mittelmeer kommt es immer wieder zu Vulkanausbrüchen und
Erdbeben. Hier stoßen die Afrikanische und die Eurasische Platte
zusammen. Im Jahr 79 n. Chr. explodierte in der Bucht von Neapel
der *Vesuv* und zerstörte die Städte Herculaneum und Pompeji. Einige
Zeit vor der Eruption erschien eine pinienförmige Wolke über dem
Krater. Dann begann der gewaltige Ausbruch, der zwei Tage und
drei Nächte dauerte. Über 2000 Bewohner Pompejis kamen ums
Leben. Seither ist der *Vesuv* noch öfter ausgebrochen, zuletzt 1944.
Niemand weiß, wie lange er noch Ruhe gibt. Der größte Vulkan
Europas, der *Ätna* auf Sizilien, bricht seit 2500 Jahren regelmäßig
aus. Dann zerstört glühende Lava Dörfer und Äcker. Kaum ist die
Lava erkaltet, siedeln die Menschen wieder an den fruchtbaren
Hängen. Am aktivsten ist aber der *Stromboli*. Dieser Vulkan im
Mittelmeer spuckt alle Viertelstunde Lavabomben und Steine aus.

Unheimliche Nähe
Der *Vesuv* beherrscht die Groß-
stadt Neapel. Der Vulkan kann
jederzeit wieder ausbrechen.

SCHON GEWUSST?

Die Eruption des *Vesuv* im Jahr 1944 erfolgte
mitten im Zweiten Weltkrieg. Damals beschä-
digten Asche und messerscharfe Gesteins-
teilchen die Motoren der Kampfflugzeuge.

Ein Aschenregen
Während der Eruption des *Vesuv* im Jahr 79 n. Chr.
flohen die Menschen aus der Stadt Herculaneum.
Einige entkamen in Booten über das Meer. Die
meisten starben jedoch, als ein Aschenregen die Stadt zudeckte.

EINE GRIECHISCHE TRAGÖDIE

Die griechische Insel Thera – das heutige
Santorin – in der Ägäis wurde vor 3500
Jahren bei einer heftigen Vulkaneruption zerstört. Damals lebten dort Minoer, die eine der
ersten Hochkulturen der Menschheit besaßen.
Durch die Eruption entstanden Tsunamis, die
auch Kreta heimsuchten, wo die minoische
Hauptstadt Knossos lag. Dort wurde diese Vase
gefunden. Die Überreste der Insel Thera wurden
schließlich unter einer 60 m dicken Schicht aus
Asche und Bimssteinen begraben.

Die Katastrophe
Die grafische Darstellung vergleicht die Höhe der beiden Aschenschichten, die Herculaneum und Pompeji bedeckten.

Höhe der vulkanischen
Ablagerung in Herculaneum

Höhe der vulkanischen
Ablagerung in Pompeji

Ein Gipsabguss
Um 1860 fanden Arbeiter bei Ausgrabungen in Pompeji Höhlungen im Vulkangestein, die von eingeschlossenen Menschen und Haustieren stammten. Archäologen gossen die Leerräume mit Gips aus und erhielten so lebensechte Modelle.

Ausgrabungen

Es war am Nachmittag des 24. August 79 n. Chr., als der *Vesuv* ausbrach. Aus dem tiefschwarzen Himmel zuckten Feuergarben, greller als Blitze. Dann setzte ein Regen aus heißem Bimsstein und Asche ein und Felsbrocken prasselten bis auf das 8 km entfernte Pompeji. Die Bewohner der Stadt flüchteten in Panik. Doch die meisten kamen nicht weit. Viele legten sich zum Schutz vor den Steinen Kissen auf den Kopf. Andere wurden in ihren Häusern von den Giftgasen überrascht. In Herculaneum, das 3 km näher am Krater lag, fiel zunächst nur wenig Asche. Doch um Mitternacht wälzte sich eine Glutwolke aus Vulkanasche und Gasen auch durch diesen Ort, gefolgt von einem kochenden Schlammstrom. Alle, die zurückgeblieben waren, kamen ums Leben. Am nächsten Morgen war Herculaneum unter einer 20 Meter hohen Aschenschicht verschwunden. Vor 250 Jahren begannen Archäologen, beide Städte wieder auszugraben.

DER ERSTE VULKANOLOGE

Der römische Schriftsteller Plinius der Jüngere beobachtete 79 n. Chr. aus 32 km Entfernung die Eruption des *Vesuv*. Im Jahr 104 berichtete er darüber in zwei Briefen an seinen Freund Tacitus. Es handelt sich dabei um den ersten Augenzeugenbericht eines Vulkanausbruchs. Plinius beschreibt das Beben der Erde vor der Eruption, die großen Aschen- und Bimssteinmengen, die tiefen heißen Glutwolken aus Asche und die völlige Verfinsterung des Himmels. Er erwähnt auch eine hohe Aschensäule, die in den Himmel stieg und wie eine Pinie geformt war. Geologen sprechen danach heute von einer Plinianischen Tätigkeit. Das Gemälde von einem späteren Ausbruch zeigt alle Einzelheiten, wie sie schon Plinius beschrieb.

Gebrauchsgegenstände
Dieser schöne Glasbecher wurde unversehrt aus der Aschenschicht geborgen.

Die Frau mit den Ringen
Fast hundert Skelette hat man in Bootsschuppen im ehemaligen Hafen von Herculaneum ausgegraben. Die Menschen, darunter auch diese Frau mit den auffallenden Fingerringen, starben auf der Flucht vor den Aschen- und Gaswolken.

SELTSAM, ABER WAHR

Durch Untersuchung von Skeletten können Forscher heute Geschlecht, Rasse, Größe und das ungefähre Alter der Toten bestimmen. Knochen geben sogar Aufschluss über Krankheiten, Ernährung und Beruf.

Römische Münzen
Diese Münzen fand man in der Geldbörse eines Soldaten.

Herculaneum heute
Die Ruinen des alten Herculaneum liegen 20 m unter der modernen Stadt Resina/Ercolano. Im Hintergrund ist der *Vesuv* zu sehen.

Zum Weiterlesen 40–41

SCHON GEWUSST?

Obwohl die Eruption des *Tambora* auf Indonesien 1815 viel heftiger war, zog erst der *Krakatau* die Aufmerksamkeit der Welt auf sich. Denn nun gab es moderne Nachrichtentechniken wie den Telegrafen.

England
Nach der Eruption des *Krakatau* war der Abendhimmel über London wundervoll gefärbt. Die Gezeiten im Ärmelkanal wurden stärker.

Klimaveränderungen
Der Vulkanstaub umrundete die Erde mehrere Jahre lang, sodass die Durchschnittstemperatur sank. Auf Hawaii sah man einen weißen Ring, einen Halo, um die Sonne.

Trinidad
Auf der anderen Seite der Welt, in Trinidad, erschien die Sonne blau.

Der Krakatau

Im Mai 1883 stieß ein Vulkan auf der Insel Krakatau Asche, Gas und Bimsstein aus. Krakatau gehört zur indonesischen Inselwelt, einem sehr unruhigen Teil der Erde, wo die Indoaustralische Platte unter der Eurasischen verschwindet. Die Eruptionen im Mai waren nur die Vorboten für eine viel heftigere Explosion, die am 27. August 1883 die Insel auseinander sprengte. Der Knall war noch in 3500 km Entfernung zu hören. Staub- und Aschenwolken stiegen 80 km hoch in den Himmel, umrundeten die Erde und waren für wunderschöne Sonnenuntergänge verantwortlich. Als der Vulkan in sich zusammenbrach, entstand eine Flutwelle von über 20 m Höhe. Sie zerstörte 163 Dörfer an den Küsten Javas und Sumatras und tötete 36 000 Menschen. Im Indischen Ozean treibende Bimsteininseln stellten noch lange Zeit eine Gefahr für die Schifffahrt dar.

Kurz vorher
Dieses Bild beruht auf einer Fotografie von 1883. Sie wurde drei Monate vor dem Ausbruch des *Krakatau* aufgenommen.

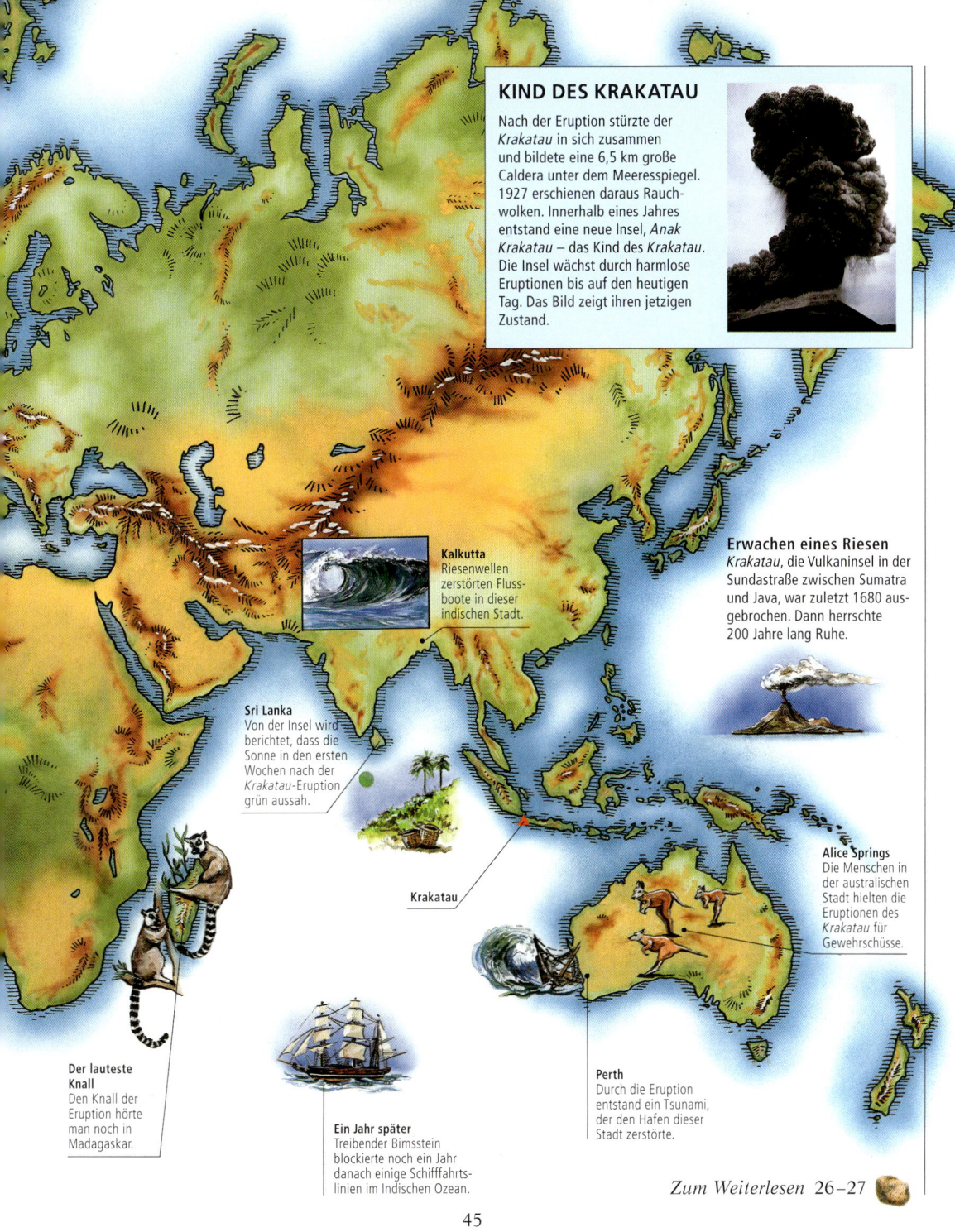

KIND DES KRAKATAU

Nach der Eruption stürzte der *Krakatau* in sich zusammen und bildete eine 6,5 km große Caldera unter dem Meeresspiegel. 1927 erschienen daraus Rauchwolken. Innerhalb eines Jahres entstand eine neue Insel, *Anak Krakatau* – das Kind des *Krakatau*. Die Insel wächst durch harmlose Eruptionen bis auf den heutigen Tag. Das Bild zeigt ihren jetzigen Zustand.

Kalkutta
Riesenwellen zerstörten Flussboote in dieser indischen Stadt.

Erwachen eines Riesen
Krakatau, die Vulkaninsel in der Sundastraße zwischen Sumatra und Java, war zuletzt 1680 ausgebrochen. Dann herrschte 200 Jahre lang Ruhe.

Sri Lanka
Von der Insel wird berichtet, dass die Sonne in den ersten Wochen nach der *Krakatau*-Eruption grün aussah.

Krakatau

Alice Springs
Die Menschen in der australischen Stadt hielten die Eruptionen des *Krakatau* für Gewehrschüsse.

Der lauteste Knall
Den Knall der Eruption hörte man noch in Madagaskar.

Ein Jahr später
Treibender Bimsstein blockierte noch ein Jahr danach einige Schifffahrtslinien im Indischen Ozean.

Perth
Durch die Eruption entstand ein Tsunami, der den Hafen dieser Stadt zerstörte.

Zum Weiterlesen 26–27

Island

Die Insel Island liegt mitten im Nordatlantik über dem Mittelatlantischen Rücken. Die Forscher finden dort besonders ideale Bedingungen für Untersuchungen der untermeerischen Gebirge vor. Ein Teil Islands gehört zur Nordamerikanischen Platte, die sich westwärts bewegt, der andere Teil zur Eurasischen Platte, die nach Osten wandert. Durch die Insel zieht sich also ein Rift oder eine Spalte. Dort steigt Magma nach oben und bildet eine Gruppe zentraler Vulkane. Die Vulkane auf der Insel brechen immer wieder aus und auch die Erde bebt dort häufig. Die Isländer nutzen die Erdwärme ihrer Vulkane für die Beheizung von Treibhäusern und Wohnungen, für die Heißwasserbereitung und zur Stromgewinnung.

Ein dramatisches Bild
Der Vulkan *Eldfell* zeigt hier hinter der Kirche der Hafenstadt Vestmannaeyjar ein beeindruckendes Schauspiel.

Eruption auf einer Insel
Der *Eldfell* ist ein neuer Vulkan. Er entstand im Januar 1973 beim Hafen Vestmannaeyjar auf der Insel Heimaey. Die meisten Bewohner wurden evakuiert. Sechs Monate lang blieben Freiwillige in der Stadt, um zu retten, was zu retten war.

Lavastrom
Die Bewohner Vestmannaeyjars spritzten mit Feuerwehrschläuchen Wasser auf die vorrückende Lava, die den Hafen bedrohte. Sie retteten den Hafen erst, nachdem der Lavastrom 2,6 km² neues Land zur Insel hinzugefügt hatte.

SCHON GEWUSST?

Auf Island tritt ein Viertel der gesamten Lavamenge der Erde an die Oberfläche. Die Insel liegt über dem Mittelatlantischen Rücken und möglicherweise auch über einem Hotspot.

EINE LANDSCHAFT AUS FEUER

Im Jahr 1783 begann die 5 km lange Spalte von *Lakagigar* im südlichen Teil Islands Lavafontänen und große Gas- und Aschenmengen auszustoßen. Der Lavastrom lieferte die größte Lavamenge seit Menschengedenken und bedeckte über 565 km^2. Über der Insel lag damals ein blauer Nebel, der sich bis nach Europa und Asien ausdehnte. Durch die Lava kam zwar niemand direkt ums Leben, doch wurde Islands gesamte Ernte vernichtet und ein großer Teil der Haustiere verhungerte. Die darauf folgende Hungersnot forderte 10 000 Menschenleben. Auch an anderen Spalten, wie bei *Krafla* im Nordosten der Insel, finden ständig Eruptionen statt.

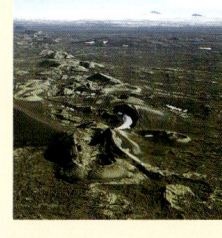

Der Krater der *Lakagigarspalte*

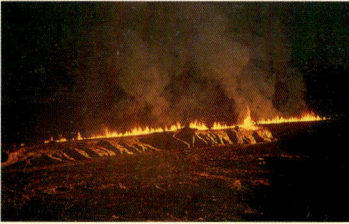

Kraflaspalte

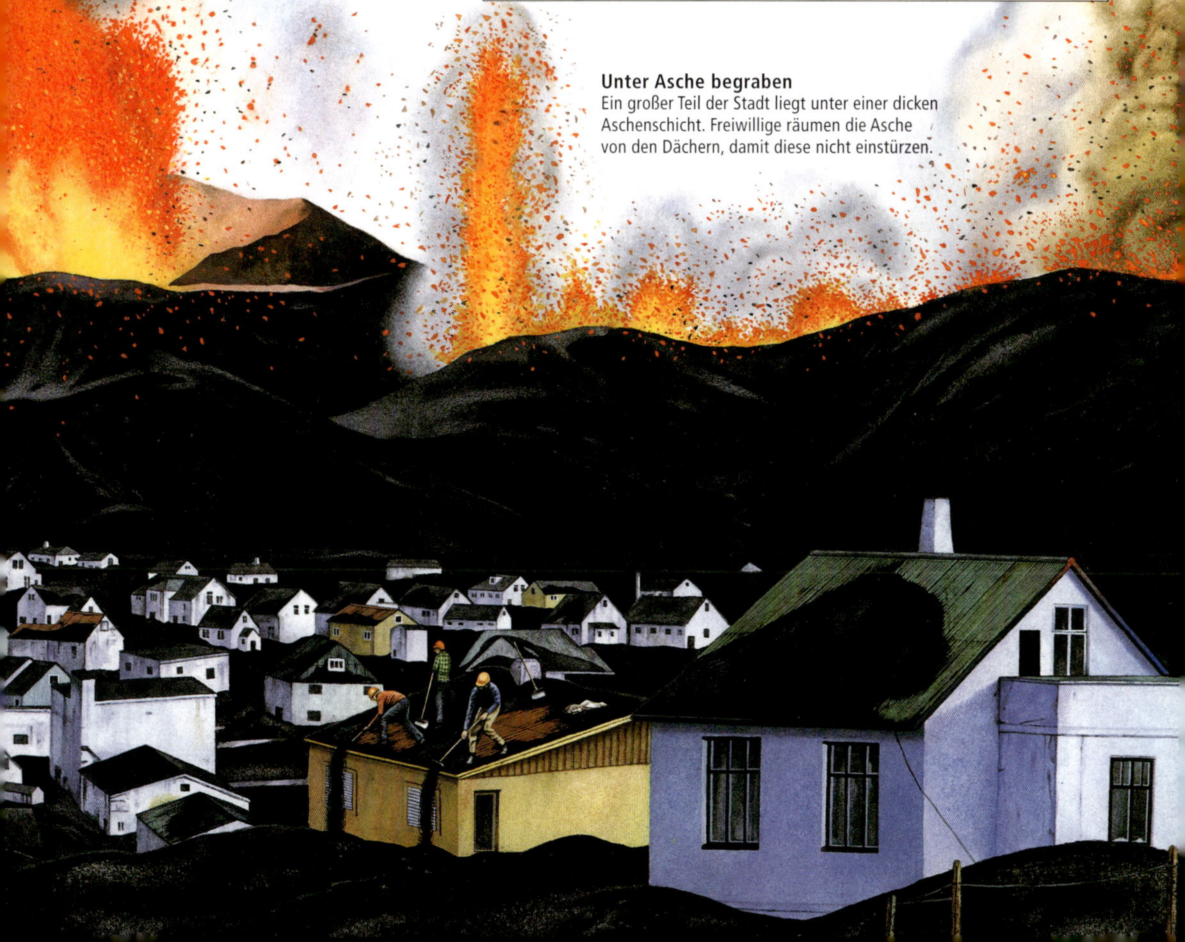

Der Vulkan im Hinterland
Der Krater des *Eldfell* glüht rot auf, während dicke Lava die Abhänge hinabfließt und sich ein mächtiger Aschenregen über die Häuser legt.

Unter Asche begraben
Ein großer Teil der Stadt liegt unter einer dicken Aschenschicht. Freiwillige räumen die Asche von den Dächern, damit diese nicht einstürzen.

Mount St. Helens

Im Nordwesten der Vereinigten Staaten liegt eine Kette von 15 Vulkanen, darunter der *Mount St. Helens*. In diesem Gebiet taucht die Juan-de-Fuca-Platte unter der Nordamerikanischen Platte ins Erdinnere ab. Am 20. März 1980 kündeten Erdbeben nordwestlich der Bergspitze das langsame Erwachen des Vulkans an, der sich seit 1857 nicht mehr gerührt hatte. Eine Woche darauf kam es zu einer kleineren Eruption. Forscher reisten an, um die Vulkantätigkeit zu überwachen. In den ersten Maitagen dehnte sich der Vulkankegel aus, was darauf hindeutete, dass Magma im Schlot nach oben stieg. Am 18. Mai sprengte plötzlich eine heftige Explosion, die wohl von einem Erdbeben verursacht wurde, die Nordseite des Berges ab. Es kam zu einem gewaltigen Bergsturz, der ein Gebiet von 600 km² verwüstete und Schlammströme und Überflutungen auslöste.

Vorher
Anfang 1980 war der verschneite *Mount St. Helens* von friedlichen Wäldern und Seen umgeben.

Nachher
Die Nordseite des Berges wurde innerhalb von Minuten abgesprengt und führte zu einem der größten Bergstürze, die je beobachtet wurden.

Aschenwolken
Minuten nach der ersten Explosion führte eine zweite Eruption zu einer pinienförmigen Aschen- und Gaswolke ähnlich wie beim *Vesuv*. Sie stieg 25 km hoch. Diese Phase des Vulkanausbruchs dauerte neun Stunden.

Kleinholz
Durch die Explosion wurden über sechs Millionen Bäume entwurzelt oder wie Zündhölzer geknickt. Heute wächst an dieser Stelle wieder ein junger Wald.

Schlammstrom
Da die Schnee- und Eisschichten schlagartig abschmolzen, entstanden am North Toutle River verheerende Schlammströme.

EIN ASCHENREGEN
Beim Ausbruch des *Mount St. Helens* schossen Millionen Tonnen von Asche bis zu 25 km hoch in die Atmosphäre. Dann fiel die Asche wieder auf die Erde zurück und bedeckt ein Gebiet bis zu 1500 km ostwärts vom Vulkan. Die Asche war wie schwarzer Schnee. Sie fiel in Montana, Idaho, Oregon und Washington und bedeckte Straßen, Autos und Gebäude. Man musste sie zusammenkehren und auf Mülldeponien bringen.

Eine Stadt in Ruinen

Die Erde bebte zur Mittagszeit, als in vielen Häusern Tokios das Essen auf den Hibachis, eine Art offenem Herd, gekocht wurde. Die Häuser fielen in sich zusammen und standen sofort in Flammen. Das Feuer breitete sich rasch aus und tötete tausende von Menschen. Fast ganz Tokio wurde von den Bränden erfasst. Das Geschäftsviertel war völlig zerstört.

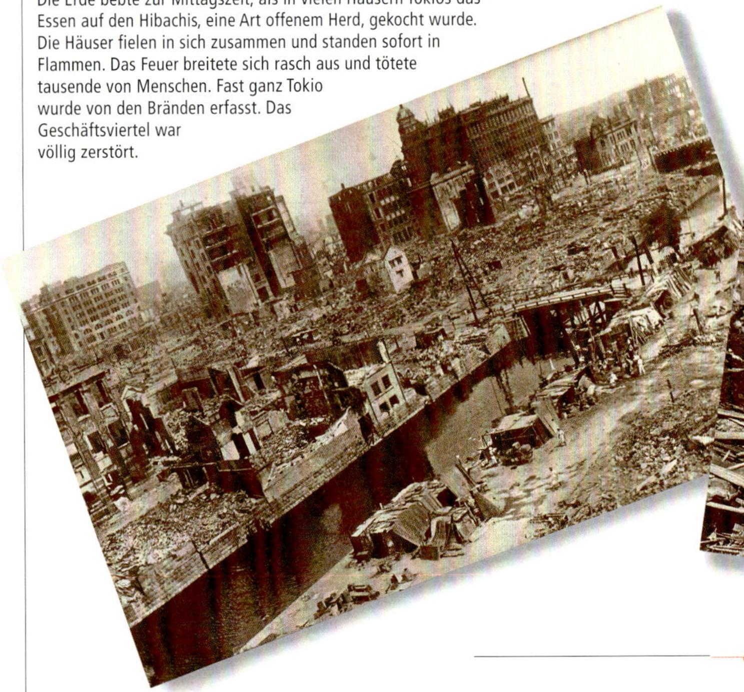

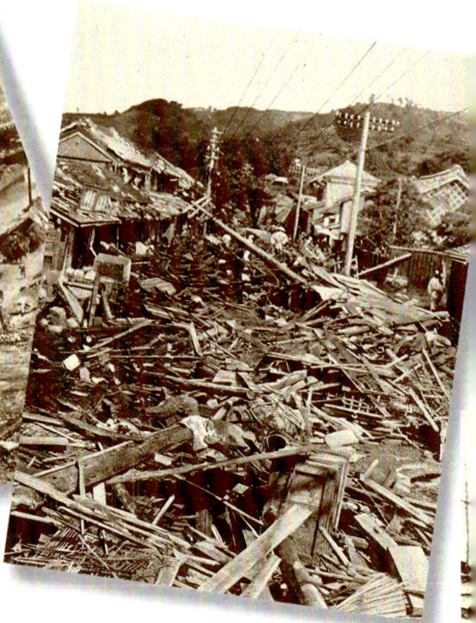

Weltweite Hilfe

Die Nachricht von dem schrecklichen Erdbeben verbreitete sich blitzschnell über den Globus und viele Länder boten ihre Hilfe an.

Das große Beben von Kanto

Am 1. September 1923 wurde die Ebene von Kanto in Japan von einem gewaltigen Erdbeben erschüttert. Es erreichte auf der Richter-Skala die Stärke 8,3. Der Herd des Bebens lag in der Sagamibucht bei Yokohama, 80 Kilometer südlich der Hauptstadt Tokio. Die Erde bebte fast fünf Minuten lang. Damals kamen 100 000 Menschen ums Leben und über 300 000 Gebäude wurden zerstört. Nach dem Beben verschlang ein Tsunami weitere Menschen und Häuser. 24 Stunden nach dem ersten Beben folgte ein zweites und die Nachbeben hielten zehn Tage lang an. Zu sehr vielen Todesfällen kam es auch, als in den japanischen Häusern aus Papier und Holz Feuer ausbrach. Diese Baumaterialien hatte man eigens wegen der Erdbebengefahr gewählt. Wenn die Häuser einstürzten, wurden ihre Bewohner selten von den Trümmern erschlagen. Andererseits boten sie aber Nahrung für die Flammen.

ERDBEBEN IN JAPAN

Japan liegt an der Stelle, wo die Philippinenplatte und die
Pazifische Platte unter der Eurasischen Platte ins Erdinnere
abtauchen. An dieser Subduktionszone haben viele Vulkanausbrüche, Erdbeben und Tsunamis ihren Ursprung. Alle paar
Wochen bebt in Japan die Erde und die Japaner sind darauf
vorbereitet. Großstädte wie Tokio verfügen über einen ausge-
dehnten Katastrophenschutz. Die Kinder lernen schon in der
Schule das richtige Verhalten bei Erdbeben und auch Erwach-
sene besuchen Kurse. Im Oktober 1994 fand vor Hokkaido ein
Beben von der Stärke 7,9 auf der Richter-Skala statt. Viele
Häuser stürzten ein (oben). Drei Monate später erschütterte
ein Beben von der Stärke 6,9 die Stadt Kobe, bei dem
über 5000 Menschen ums Leben kamen.

Nur noch Ruinen
Das Erdbeben in der Sagamibucht 1923
war so stark, dass sich der Meeresboden
spaltete. Die Hafeneinrichtungen und
Häuser von Yokohama südlich von Tokio
wurden völlig zerstört.

Mexiko-Stadt

Am 19. September 1985 erschütterte ein Erdbeben von der Stärke 8,1 auf der Richter-Skala Mexiko-Stadt. Die Kokosplatte, die unter der Nordamerikanischen Platte verschwindet, brach in 20 km Tiefe auseinander oder bekam einen Riss. Ungeheure Energie wurde freigesetzt. Die Schwingungen führten an der Küste zu einem Tsunami. Auf dem Festland rasten die Erdbebenwellen 350 km weit auf Mexikos Hauptstadt zu. Die Riesenstadt liegt auf dem sandigen Bett eines verlandeten Sees. Der noch feuchte Untergrund verstärkte durch Resonanz die Erdbebenwellen so, dass viele Häuser einstürzten. Einige der größten Hochhäuser blieben aber stehen, während L-förmige Gebäude und solche mit großen Eingangshallen schwere Schäden erlitten. 9000 Menschen kamen ums Leben, 30 000 wurden verletzt, 95 000 verloren ihr Zuhause.

Driftende Platten
Um Mexiko-Stadt treffen mehrere Platten aufeinander.

Unsicherer Grund
Mexiko-Stadt ist über der aztekischen Hauptstadt Tenochtitlán auf dem Boden des verlandeten Texcocosees erbaut. Das Gebiet ist von Vulkanen umgeben. Dort bebt die Erde immer wieder.

Lebenszeichen
Rettungsmannschaften arbeiteten sich durch den
Schutt von Häusern und suchten Überlebende.
Sie achteten vor allem auf Klopfsignale.
Die Helfer verausgabten sich bis zur
totalen Erschöpfung und
retteten über 4000
Verschüttete.

VIER PLATTEN

Die Nazcaplatte, die Kokosplatte, die Süd-
amerikanische und die Karibische Platte treffen
im östlichen Abschnitt des Pazifischen Feuer-
rings aufeinander. Deswegen kommt es in
Nord-, Mittel- und Südamerika häufig zu
Erdbeben und Vulkanausbrüchen. Das
Bild zeigt den Vulkan *Arenal* in Costa
Rica bei einer seiner Eruptionen.

SELTSAM, ABER WAHR

Ein wenige Tage altes Baby überlebte
das Erdbeben von Mexiko-Stadt
neun Tage lang unter den Trümmern eines
Krankenhauses, bis es gerettet wurde.

Beben in Kalifornien

Die meisten Erdbeben finden an den Grenzen zweier Lithosphärenplatten statt. Der amerikanische Bundesstaat Kalifornien liegt genau auf einer solchen Plattengrenze. Dort reibt sich die Nordamerikanische Platte an der Pazifischen. Die gegenseitige Bewegung der beiden Platten führt zu einem Netz von Verwerfungen und Spalten in der Erdkruste. Hier haben Erdbeben ihren Ausgangspunkt. Die berühmteste Verwerfung in Kalifornien ist der 1100 km lange San-Andreas-Graben. Von Zeit zu Zeit zerbrechen dort Gesteinsschollen und bewegen sich entlang des Grabens. Hier zeichnen Seismologen jedes Jahr über 20 000 Beben auf. Die meisten werden nur von empfindlichen Instrumenten wahrgenommen. Doch hat auch Kalifornien schon starke Beben erlebt. So verschoben sich 1906 die Gesteinsschichten des San-Andreas-Grabens auf 600 km Länge um fast 5 m.

Sacramento

San Francisco 1906 • Oakland

Morgan Hill 1984

Loma Prieta 1989

Coalinga 1983

Parkfiel

Gefangen
Viele Pendler konnten weder vor noch zurück, als beim Erdbeben von Loma Prieta 1989 Teile der kalifornischen Autobahn einstürzten.

SCHON GEWUSST?

Los Angeles liegt auf der Pazifischen, San Francisco auf der Nordamerikanischen Platte. In etwa einer Million Jahren werden beide Städte aufeinander treffen.

Die Straßen von San Francisco
In Kalifornien kann jederzeit ein größeres Erdbeben ausgelöst werden. Bewegungen längs des San-Andreas-Grabens könnten Los Angeles und San Francisco völlig zerstören. Betroffen davon wären auch Ölraffinerien, chemische Fabriken, Kernkraftwerke, Bohrtürme, Autobahnen sowie Schulen, Krankenhäuser und Wohnviertel.

Vorbeigleitende Platten
Diese Karte von Kalifornien zeigt den
San-Andreas-Graben und weitere
größere Verwerfungen (rote Linien).
Aufgeführt sind auch die bedeutenden
Erdbeben der letzten 100 Jahre.

SAN FRANCISCO IM JAHR 1906

Am 18. April 1906
bebte in San Francisco
die Erde mit einer
Stärke von 8,3 auf der
Richter-Skala. Große
Gebäude fielen in sich
zusammen. Drei Tage
lang wüteten Brände
in der Stadt, weil es
kein Wasser mehr zum
Löschen gab. Zwischen
den Trümmern suchten
viele Menschen nach
ihren Verwandten und
Freunden. Das Rote
Kreuz bemühte sich,
Essen für über 300 000
Obdachlose herbeizu-
schaffen. Das gesamte
Stadtzentrum lag in
Schutt und Asche. Über
28 000 Gebäude waren
zerstört und fast 1000
Menschen tot.

Santa Barbara 1925

San Fernando 1971

Northridge 1994

Los Angeles 1994

Palm Springs 1986

Long Beach 1933

San Diego

Zerstörte Gebäude und Straßen
Dieses Haus und das Auto wurden beim Erdbeben von
Northridge 1994 zerstört.

Hilflos
Voll Trauer blickt
eine Überlebende
auf ihr Haus, das
beim Erdbeben von
Loma Prieta 1989
beschädigt wurde.

Mehr über Vulkanausbrüche

79 n. Chr. Vesuv, Italien
Als der *Vesuv* 79 n. Chr. ausbrach, wurden Pompeji und Herculaneum zerstört. Bis zu jenem Zeitpunkt wussten die Menschen gar nicht, dass der Berg ein Vulkan war. Über 300 Jahre lang war er nämlich nicht aktiv gewesen.

186 Taupo, Neuseeland
Einer der größten Vulkanausbrüche in geschichtlicher Zeit fand in *Taupo* auf der Nordinsel Neuseelands statt. Der Vulkan ist seit über 1800 Jahren ruhig, gilt aber immer noch als aktiv.

1783 Lakagigar, Island
Aus der Spalte von *Lakagigar* strömte die größte Lavamenge in historischer Zeit. Es kam auch zu Ausbrüchen von Asche und giftigen Gasen. Teile Europas wurden von einem blauen Nebel heimgesucht. Der Amerikaner Benjamin Franklin, der damals in Frankreich lebte, machte die Eruption auf Island für den ungewöhnlich kühlen Sommer verantwortlich.

1815 Tambora, Indonesien
Der Ausbruch des *Tambora* gilt als die schlimmste Eruption aller Zeiten. Über 10 000 Menschen kamen um, weitere 82 000 starben an Krankheiten und einer Hungersnot nach dem Ausbruch.

1991 Pinatubo, Philippinen

Le Petit Parisien
SUPPLÉMENT LITTÉRAIRE ILLUSTRÉ

CATASTROPHE DE LA MARTINIQUE
Une Famille fuyant devant le Fleau

1902 Montagne Pelée, Martinique

1902 Montagne Pelée, Martinique
Nach Anzeichen für erhöhte vulkanische Aktivität explodierte der *Montagne Pelée* auf der Karibikinsel Martinique und zerstörte die Stadt Saint Pierre. Eine Glutwolke aus Gas und Asche raste auf die Stadt zu und tötete 28 000 Menschen in einer Minute. Der einzige Überlebende war ein Häftling in einem Gefängnis.

1980 Mount St. Helens, USA
Die Schallwellen der massiven Explosion des *Mount St. Helens* waren in 10 km Entfernung nicht mehr zu hören. Sie wurden von der Aschenwolke verschluckt. Für die Menschen, welche die Explosion 18 km entfernt beobachteten, schien sie völlig lautlos vonstatten zu gehen.

1982 El Chichón, Mexiko
Bei dieser Eruption kamen über 3500 Menschen ums Leben. Der *Chichón* schleuderte so viel Asche in den Himmel, dass dieser 44 Stunden lang verdunkelt war.

1991 Unzen, Japan
Die Forscher sagten die Eruption des *Unzen* 1991 voraus, sodass die Menschen rechtzeitig evakuiert werden konnten. Die meisten der 38 Toten waren Geologen und Journalisten.

1991 Pinatubo, Philippinen
Der *Pinatubo* brach nach über 600 Jahren der Ruhe wieder aus. Er spuckte dabei riesige Mengen an Asche aus. Beim Sieben der Asche fanden die Menschen helle Kristalle, die sie zunächst für Diamanten hielten. Es waren aber nur Bergkristalle, die sich im Inneren des Vulkans gebildet hatten.

1994 Rabaul, Papua-Neuguinea

1994 Rabaul, Papua-Neuguinea
Diese Eruption des *Rabaul* war die sechste in den vergangenen zwei Jahrhunderten. Das Gebiet war zuvor evakuiert worden. Die Stadt wurde von einer meterdicken Aschenschicht bedeckt und riesige Bimssteinbrocken blockierten den Hafen.

Mehr über Erdbeben

1755 Lissabon, Portugal
Die damals reiche Handelsstadt wurde von einem Erdbeben zerstört, dem die Seismologen später eine Stärke von 8,7 auf der Richter-Skala zuschrieben.

1897 Assam, Indien
Das Erdbeben von Assam mit einer Stärke von 8,7 war eines der heftigsten, das jemals stattgefunden hat.

1960 Santiago, Chile
Eine Reihe von Erdbeben tötete über 5000 Menschen. Die Oberflächenwellen waren so energiereich, dass die Seismografen sie noch 60 Stunden nach dem eigentlichen Beben registrierten.

1964 Alaska, USA
Das Erdbeben mit einer Stärke zwischen 8,3 und 8,6 hatte seinen Herd 129 km östlich der Stadt Anchorage. Die Erde bebte fast sieben Minuten lang und es entstanden massive Schäden.

1976 Tangshan, China
Das Erdbeben fand in einem stark besiedelten Gebiet 60 km südöstlich von Peking statt. Es hatte eine Stärke von 7,8 bis 8,2. Ungefähr 242 000 Menschen wurden dabei getötet und über 150 000 verletzt.

1988 Spitak, Armenien
Das Beben mit der Stärke 6,9 zerstörte die Städte Spitak, Kirovakan und Leninakan. Über 25 000 kamen ums Leben, doch 15 000 konnten gerettet werden.

1989 Loma Prieta, USA
Ein Abschnitt des San-Andreas-Grabens bewegte sich und löste in Kalifornien ein Erdbeben der Stärke 7,1 aus. Die größten Schäden entstanden im Gebiet von San Francisco an Gebäuden, die auf weichen Sedimenten von Mülldeponien errichtet worden waren. Dieser Schutt stammte teilweise noch von dem Erdbeben, das San Francisco 1906 heimgesucht hatte.

1995 Kobe, Japan
Bei einem der schlimmsten Erdbeben in Japan starben über 5000 Menschen und 200 000 wurden obdachlos. Gebrochene Erdgasleitungen lösten verheerende Brände aus. Die Feuerwehrleute konnten nichts dagegen unternehmen, weil auch die Wasserleitungen zerstört waren.

1999 Gölcuk, Türkei
Das Erdbeben der Stärke 7,8 forderte etwa 20 000 Menschenleben, über 200 000 Menschen wurden verletzt. Aufgrund der schlechten Bauweise stürzten viele Gebäude wie Kartenhäuser zusammen.

2003 Bam, Südiran
Bei dem Erdbeben in Bam wurden etwa 40 000 Menschen getötet. Tausende von Häusern stürzten ein. Ungefähr 70 Prozent der Stadt wurde zerstört. Das Erdbeben hatte eine Stärke von 6,6 auf der Richter-Skala.

2004 Sumatra, Indonesien
Am 26. Dezember 2004 löste ein Erdbeben der Stärke 9,0 vor Sumatra einen Tsunami aus. Die riesige Flutwelle forderte in Thailand, Indonesien, Malaysia, Indien, Somalia, Malediven und Sri Lanka etwa 225 000 Tote und rund 1,7 Millionen Obdachlose.

2005 Indien und Pakistan
Das Beben mit einer Stärke von 7,6 fand in einer schwer zugänglichen Himalaja-Region statt. Über 40 000 Menschen kamen dabei ums Leben und etwa 2,5 Millionen wurden obdachlos.

DIE STÄRKE VON ERDBEBEN

Seismologen beurteilen die Erdbebenstärke nach zwei Skalen. Die Mercalli-Skala misst die Stärke an den Wirkungen an der Erdoberfläche. Sie ist in zwölf Stufen unterteilt. Die nach oben offene Richter-Skala nimmt als Grundlage die Schwingungsweite der Erdbebenwellen. Jeder Schritt auf der Richter-Skala entspricht der Verzehnfachung der Schwingungsweite und der Verdreißigfachung der auftretenden Energie.

Richter-Skala 1–2
Beben dieser Stärke werden nur von Seismografen registriert. Jährlicher Durchschnitt: über 700 000

Richter-Skala 5–6
Das Beben wird als sehr stark empfunden, gelegentlich Panik. Mauerrisse treten auf. Jährlicher Durchschnitt: 800–1000

Richter-Skala 2–3
Wird nur von aufmerksamen Beobachtern wahrgenommen. Jährlicher Durchschnitt: über 300 000

Richter-Skala 6–7
Kamine stürzen ein, auch einige Gebäude, Panik unter den Menschen. Jährlicher Durchschnitt: 100–200

Richter-Skala 3–4
Wird als leicht empfunden. Lampen können schwingen. Kaum Schäden. Jährlicher Durchschnitt: 50 000–100 000

Richter-Skala 7–8
Gebäude stürzen ein, Risse bilden sich im Boden, allgemeine Panik. Jährlicher Durchschnitt: 10–20

Richter-Skala 4–5
Das Beben wird als stark empfunden. Fensterscheiben splittern, einige Gebäude erleiden Schäden. Jährlicher Durchschnitt: 6000–10 000

Richter-Skala 8–9
Vollständige Zerstörung. Gebäude und Brücken stürzen ein, Schienenwege werden verformt. Ungefähr ein solches Erdbeben pro Jahr

Register

A

Afrikanische Platte 8, 40
Aktive Vulkane 14, 18, 56
Alaska 57
Anak Krakatau 45
Antarktika 24, 57, 58
Antarktische Platte 8
Arenal 53
Asche 18, 19, 22–28, 30, 33, 40–44, 49, 56, 58, 59
Aschenregen 22, 41, 42, 47, 49
Aschenschicht 42
Aschenwolke 18, 22, 43, 44, 49, 56
Aso 30
Assam 57
Asthenosphäre 6, 8, 11–13, 58, 59
Atmosphäre 26, 27, 49
Ätna 16, 24, 40

B–C

Bam 57
Basalt 20, 32, 33, 58
Bergsturz 48
Bimsstein 22, 23, 32, 41, 45, 58
Black Smokers 11, 58
Blocklava 21
Caldera 30, 31, 45, 58

D–E

Dämonen 16
Dampf 18, 19
Dehnungsmesser 34
Diamanten 33
Dike 32, 58
Dünger 33
El Chichón 56
Eldfell 46, 47
Epizentrum 34, 58
Erciyas Dagi 33
Erdbeben 34–39, 50–55, 57
Erdbebenherd 34, 58
Erdbebensichere Häuser 36, 37
Erdbebenstärke 34
Erdbebenwellen 34, 37, 52, 57–59
Erdinneres 6, 8, 14, 18, 32, 58
Erdkern 6, 58
Erdkruste 10–15, 18, 32, 34, 54, 58
Erdmantel 6, 8, 9, 14, 19, 33, 58
Erdrutsch 29
Eruption 11, 18–31, 40, 41, 46–49, 59
Eurasische Platte 40, 44, 46, 51

F–G

Feldforschung 24
Feuerring 13, 53
Flachbeben 58
Fladenlava 21
Flutwelle 38, 39, 44
Galeras 25
Galunggung 26, 27
Gase 18, 19, 22–27, 40, 44, 56, 58
Gebirge 8, 10, 13, 59
Geologen 35
Gestein 32, 33
Geysir 15, 58
Glutwolke 18, 22, 23, 56
Gölcuk 57
Gondwanaland 8, 9, 58, 59
Götter 16
Granit 33, 58
Gunung Agung 19
Gunung Batur 31

H–J

Hawaiitätigkeit 18, 21
Heimaey 46
Heißwasserquelle 32, 58
Hephaistos 16
Herculaneum 40–43, 56
Hokkaido 51
Hotspot 14, 15, 47, 58
Hypozentrum 34, 58
Indoaustralische Platte 8, 13, 44
Inselbogen 12, 58
Inselbogenvulkan 12, 13
Island 10, 11, 46, 47

K

Kanto 50
Karibische Platte 8, 52, 53
Kawa Ijen 33
Keli Mutu 31
Kilauea 14, 15, 17, 24, 30
Kimberlit 33
Kissenlava 21
Kobe 51, 57
Kohlendioxid 22
Kokosplatte 8, 52, 53
Kontinent 8, 12, 13, 58
Kontinentale Kruste 6, 12, 13
Kontinentale Platte 13
Kraflaspalte 47
Krafft, Katia und Maurice 23
Krakatau 44, 45
Krater 18, 19, 24, 25, 30, 33, 58
Kratersee 31

L

Lahar 28, 29, 59
Lakagigarspalte 47
Laurasia 8, 59
Lava 18–21, 24, 30, 32, 47, 59
Lavaboden 19, 33
Lavabombe 18–20, 23, 40, 59
Lavaformen 20, 21
Lavasee 6, 16, 30
Lavastrom 15, 20, 22, 24, 32, 40
Lawine 28, 29
Lissabon 57
Lithosphäre 6, 8–13, 15, 58, 59
Loihi 14, 15
Loma Prieta 54, 55, 57
Los Angeles 54

M–N

Magma 6, 8, 10, 12, 15, 18, 19, 22, 30–32, 46, 48, 58, 59
Magmakammer 11, 19, 30, 31
Mauna Loa 14, 15
Meeresbeben 38
Meeresboden 10, 59
Meeresbodenspreizung 10, 11, 59
Meeresgrund 38
Meereslandschaft 12
Mercalli-Skala 57, 59
Mexiko-Stadt 37, 52, 53
Mineralien 32
Mittelatlantischer Rücken 46, 47
Mittelozeanische Rücken 6, 9–11, 19, 21, 58, 59
Montagne Pelée 56
Mount Erebus 24
Mount Mazama 31
Mount St. Helens 48, 49, 56
Mount Tavurvur 13
Mount Vulcan 13
Nachbeben 34, 50
Nazcaplatte 8, 52, 53
Nebenkrater 18, 30
Neigungsmesser 35
Nevado del Ruiz 28, 29
Ngauruhoe 30
Nordamerikanische Platte 14, 46, 48, 52, 54
Nyiragongo 6

O–P

Oberflächenwellen 34, 57, 59
Observatorium 24
Obsidian 20, 32, 59
Ozean 10, 12, 58
Ozeanische Kruste 6, 8, 12, 13
Ozeanische Platte 12
Ozonloch 27
P-Wellen 34, 59
Palm Springs 55
Pangäa 8, 58, 59
Pazifische Platte 8, 13–15, 32, 51–53
Peking 57
Pelée s. Montagne Pelée
Peléetätigkeit 18
Philippinische Platte 8, 32, 51
Phosphat 33
Pinatubo 22, 56
Piton de la Fournaise 14
Plinius der Jüngere 43
Pompeji 40–42, 56
Pu'u O'o 20

R

Rabaul 56
Radioteleskop 35
Rauchwolken 18, 19
Rettung 52, 53
Richter-Skala 59
Rift 10, 11, 46, 59

S

S-Wellen 34, 59
Sakirajima 29
San Francisco 37, 54, 55, 57
San-Andreas-Graben 54, 55, 57
Santiago (Chile) 57
Santorin 22, 41
Satelliten 35
Schalenaufbau der Erde 6
Schlacke 18
Schlammstrom 28, 29, 42, 48, 49, 59
Schlot 18–20, 24, 30–32
Schockwellen 34
Schwefel 10, 33, 58
Schwefeldioxid 22, 26
Seebeben 59
Seismograf 35, 57
Seismologen 35, 54, 57, 59
Seismometer 24, 34, 58
Sicherheitsmaßnahmen 36
Silikat 20
Sill 13, 59
Sonnenlicht 26
Sonnenuntergang 26, 44
Spalte 19, 46, 54, 58, 59
Spalteneruption 19, 24
Spitak 57

Ozeanische Platte 12

T

Tambora 27, 44, 56
Tangshan 57
Taupo 56
Temperatur 26, 27, 44
Temperaturmessung im Krater 24
Tenochtitlan 52
Texcocosee 52
Tiefbeben 58
Tiefseegraben 8, 12, 13, 58, 59
Tokio 37, 50, 51
Tsunami 38, 39, 45, 50–52, 57, 59
Tuffstein 33, 58

U–Z

Überflutung 48
Überleben 36
Unterwassergebirge 9
Unzen 23, 56
Verbauung 29
Verwerfung 54, 59
Verwerfungslinie 4
Vestmannaeyjar 46
Vesuv 17, 40–43, 56
Vesuvtätigkeit 18
Vulcano 16
Vulcanotätigkeit 18
Vulcanus 16
Vulkanausbruch 11, 15, 18, 51, 56
Vulkaninsel 58
Vulkankegel 19, 32
Vulkankette 13
Vulkankrater s. Krater
Vulkanlandschaft 29
Vulkanologe 23–25, 29
Vulkanologie 59
Vulkanschicht s. Schlot
Wasserdampf 18, 19, 58
Wegener, Alfred 8
Wellenbildung 39
Wetter 18, 26, 27
Yellowstone-Nationalpark 15, 58

Ozeanische Platte 12
Ozonloch 27

Stratosphäre 26, 27
Stromboli 40
Strombolitätigkeit 18
Subduktion 12
Subduktionsvulkan 12
Subduktionszone 6, 12, 13, 34, 51, 59
Südamerikanische Platte 8, 52, 53
Surtsey 11

Bildnachweis

(l=links, M=Mitte, o=oben, r=rechts, u=unten, B=Bildsymbol, R=Rückseite, U=Umschlag, V=Vorderseite)
Art Resource, 43or (Borommeo). **Auscape**, 23oM (Explorer/K. Krafft), 15or (J. Foott), 31or (F. Gohier), 6/7M, 14ur, 15ol, 24/25M, 27Mr, 49or (M. Krafft), 32ur, 59Mr (W. Lawler). **David Austen**, 33or, 58Mul. **Austral International**, 55oMr, 32ol (Colorific!), 54Ml (IME - Sipa Press/K. Levine), 29or (Rex Features), 55or (Sipa-Press), 55ur (Sygma/J.P. Forden). 55uMr (Sygma/L. Francis Jr, The Fresno Bee, 55Mr (Topham Picture Library), 37or (Nik Wheeler). **Australian Museum**, 33ol (J. Fields). **Australian Picture Library**, 40Ml (Agence Vandystadt/G. Planchenault), 54/55u (A. Bartel), 56ul (Reuters), 22ur, 38ol, 57ur (Reuters/Bettman), 29Mr (Zefa/W. Janoud), 36ul. **Black Star**, 49/49 Ml (J. Manson), 48ul (R. Perry). **The Bridgeman Art Library**, 40ul, 43oM (Phillips, The International Fine Art Auctioneers). **British Museum**, 17Mr, 59ur. **Bruce Coleman Ltd**, 4ul, 32ul (S. Kaufman). **Bruce Coleman Inc.**, 49Mr (J. Balog). **Earth Images**, 49ur (B. Thompson). **Fairfax Photo Library**, 13or, 56Mr (R. Stevens). **Fratelli Alinari**, 16Ml. **Gamma Liaison**, 28ul (A. Suau). **Fraser Goff**, 48Ml (J. Hughes), 25ur, 25Mr. **The Granger Collection**, 8ur, 24ol, 40M, 44ur, 50or, 57ol, 58oMl. **Icelandic**
Photo and Press Service, 47oM (S. Jonasson), 11ur (G. Palsson), 56or, 47or (M. Wibe Lund). **The Image Bank**, 35ol (J.H. Carmichael), 20Ml (L.J. Pierrce). **Landform Slides**, 31M, 43ur. **Mary Evans Picture Library**, 50ul (Le Petit Journal), 56oM. **Megapress** (Muronan Civil Engineering Office, Hokkaido Government), 29ur. **Minden Pictures**, 20ol (F. Lanting). **Mirror Syndication International**, 52Ml (British Museum/ PPC/Aldus). **NASA**, 24ul, 58ul. **National Archaeological Museum of Athens**, 41ur. **National Geographic Society**, 42/43M, 43M (O.L. Mazzatenta). **Natural History Photographic Agency**, 40uM (A. Nardi). **Pacific Stock**, 30ur (J. Carini). **The Photo Library**, Sydney, 53or (G. Dimijian), 19or (A. Evrard), 27or (NASA/Science Photo Library), 51or (Sipa Press), 30ol (R. Smith), 21uMr (TSI/G.B. Lewis). **Photo Researchers**, 52/53M (F. Gohier). **Robert Harding Picture Library**, 21ur (A.C. Waltham). **Roger-Viollet**, 51uM, 51Mr, 51Ml (Collection VIOLLET). **The Science Museum**, London, 34ul, 58Ml (Science & Society Picture Library). **John S. Shelton**, 54uM, 1ur. **Sonia Halliday Photographs**, 42Ml, 59oMr. **Sporting Pix**/Popperfoto, 50ol. **Tate Gallery**, London, 27ur (Cat. no. N00499). **Topham Picturepoint**, 21oMr.

Grafik

Andrew Beckett/Garden Studio, 28/29M, 28o, 46/47M. **Sian Frances/Garden Studio**, 5ur, 36/37M, 53ur. **Mike Gorman**, 18/19M, 18l, 34/35M, 34o, 42ol. **Peter Kesteven/Garden Studio**, 40/41M. **Mike Lamble**, 32/33M. **Kevin O/Donnell**, 39r. **Evert Ploeg**, 44/45M. **Oliver Rennert**, 56l, 8/9oM, 8l, 86oM, 9ul, 12/13M, 30/31M, 38/39M. **Oliver Rennert and Ray Sim**, 13Mr, 14or. **John Richards**, 2, 3, 4/5u, 59or. **Trevor Ruth**, 10/11M, 11Mr, 14/15M, 20/21M. **Stephen Seymour/ Bernard Thornton Artists**, UK, 5or, 22/23M, 22Ml, 23or, 58ol. **Ray Sim**, 16ol, 52or. **Kevon Stead**, 26/27M, 26ol. **Steve Trevaskis**, 4ol, 16/17M, 17or, 59uMr. **Rod Westblade**, 1, 29ur, 39u, 54/55M, 55oM, endpapers, icons.